Global Energy Interconnection
Development and Cooperation Organization
全球能源互联网发展合作组织

东南亚能源互联网研究与展望

全球能源互联网发展合作组织

中国电力出版社
CHINA ELECTRIC POWER PRESS

前言

　　亚洲经济体量大，是世界经济发展的重要引擎，绝大多数国家为发展中国家，发展潜力大。但当前发展过程中面临着国家间经济发展差距悬殊、能源安全保障困难、碳排放强度高、应对气候变化压力大等严峻挑战，可持续发展需求迫切。可持续发展的核心是清洁发展，关键是推进能源生产侧实施清洁替代，以太阳能、风能、水能等清洁能源替代化石能源；能源消费侧实施电能替代，以电代煤、以电代油、以电代气、以电代柴，用的是清洁电力。亚洲能源互联网为清洁能源大规模开发、输送、使用搭建平台，是构建清洁主导、电为中心、互联互通、共建共享的现代能源体系的核心，推动亚洲经济全面均衡发展，促进产业绿色低碳转型升级，积极应对气候变化，深化区域一体化和全方位协同合作，实现亚洲经济繁荣、社会进步和生态保护的全面协调发展。

　　东南亚作为当今世界经济最活跃的区域之一，是亚洲未来重要的电力需求增长极。东南亚能源互联网的建设将充分发挥"东盟+X"等交流平台和机制作用，毗邻东亚、南亚、大洋洲的区位优势，推动各国释放清洁能源发展潜力，应对发展挑战，促进区域经济转型升级。东南亚能源互联网是亚洲能源互联网的重要组成部分，基于东南亚区域可持续发展需要，提出东南亚能源互联网发展的全局性、系统性、创新性的解决方案，对亚洲能源互联网的整体发展具有重要意义。

　　本报告为亚洲能源互联网系列成果之一，内容共分6章：第1章介绍东南亚经济社会、资源环境和能源电力发展现状，分析东南亚可持续发展和能源转型面临的挑战，提出能源互联网发展思路；第2章在实现全球温控目标的指引下，展望东南亚能源电力转型发展趋势，提出情景预测；第3章研究清洁能源资源分布和大型发电基地布局；第4章基于电力平衡分析，研究提出电网互联总体格局和互联方案；第5章评估构建东南亚能源互联网所能带来的综合效益；第6章提出相关政策机制。

　　希望本报告能为政府部门、国际组织、能源企业、金融机构、研究机构、高等院校和相关人员开展政策制定、战略研究、技术创新、项目开发、国际合作等提供参考。受数据资料和研究编写时间所限，内容难免存在不足，欢迎读者批评指正。

研究范围

本报告研究范围主要覆盖东南亚的 11 个国家，按照地理位置分为中南半岛和马来群岛两大次区域❶。其中，中南半岛包括泰国、老挝、缅甸、柬埔寨和越南；马来群岛包括新加坡、文莱、马来西亚、印度尼西亚、菲律宾和东帝汶。

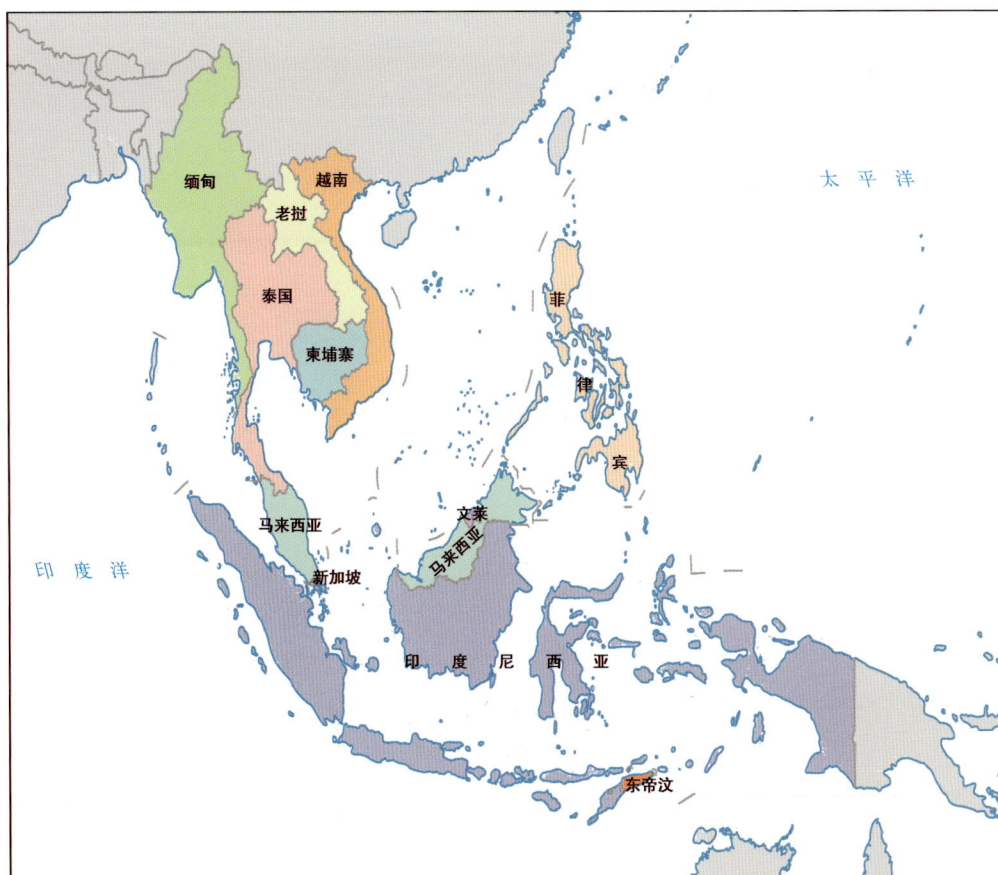

东南亚研究范围示意图

---

❶ 本报告对任何领土主权、国际边界疆域划定及任何领土、城市或地区名称不持立场，后同。

摘要

东南亚拥有丰富的自然资源，人口红利显著，近年来区域一体化进程不断推进，基础设施持续改善，产业结构稳步升级，是世界经济发展最具活力和潜力的区域之一。东南亚当前仍存在 3000 多万无电人口，人均用电量不足世界平均水平的一半，随着未来生活水平提高和人口持续增长，按照目前高度依赖化石能源的发展模式将带来能源安全保障困难、环境污染严重和气候危机加剧等多方面严峻挑战。实现东南亚可持续发展，需要以《联合国 2030 年可持续发展议程》《巴黎气候协定》《东盟能源合作行动计划 2016—2025》为指导框架，以丰富的清洁能源资源、矿产资源、人力资源为基础，依托能源互联网建设，促进清洁发展和人人享有可持续能源，将区域能源优势转化为经济优势，改善民生、减轻贫困、缩小内部发展鸿沟，从根本上解决区域经济发展所需的能源供给问题，实现经济社会环境的协调发展。

实现东南亚可持续发展，关键是加快推进清洁能源资源开发利用和共享，构建东南亚能源互联网。大力发展清洁能源，降低火电开发强度，协调长期收益与短期利益。加快跨区、跨国互联互通，统筹利用区内、区外两种资源和两个市场，从更广阔的地域范围，解决资源和需求地理分布不均、需求和供应时间特性不匹配问题。以"电—矿—冶—工—贸"模式，推动能源、制造业、贸易联动发展，解决资源富集、经济滞后地区发展缺资金、缺市场的难题，减小地区发展不均衡。

东南亚能源电力需求增长潜力大，一次能源供应结构的清洁转型和终端能源电气化是未来能源发展的必由之路。综合考虑东南亚经济发展水平、人均收入变化、产业结构调整等多种因素，2050 年东南亚一次能源需求总量将达到 15.5 亿吨标准煤，是 2017 年的 1.6 倍，终端能源需求增长至 10.2 亿吨标准煤。2050 年东南亚用电量将增长至 3.2 万亿千瓦时，是 2017 年的 3.6 倍。2045 年前清洁能源超越化石能源成为主导能源，2050 年东南亚清洁能源需求将增长至 8.8 亿吨标准煤。2045 年左右电能将超过石油成为终端第一大能源，2050 年电能占终端能源的比重将提高至 42%。

东南亚清洁能源资源丰富、类型多样，需统筹利用，集中和分布式开发并举，满足不断增长的电力清洁供应需求。东南亚水能资源主要集中在中南半岛、加里曼丹岛；陆上风能资源条件一般，沿海地区较丰富；太阳能资源较为丰富，受热带雨林和农业活动等因素制约，需要分布式开发与大规模集中开发相结合；地热能资源最丰富，主要分布在印度尼西亚和菲律宾，技术可开发规模居世界前列。依托清洁能源资源的大力开发利用，2050年东南亚电源装机容量将达到12亿千瓦，是2017年的5倍，大幅提升电力供应能力，基本消除无电人口。清洁能源装机容量大幅提升，2035年前清洁能源超过化石能源成为主导电源，2050年东南亚清洁能源装机占比提升至72.3%，发电量占比提升至62.9%。在资源优质、开发条件好的地区开发大型清洁能源基地，总开发装机容量超过1亿千瓦。

东南亚电力流总体呈现"中南半岛'北电南送'、马来群岛'中心辐射外送'"的格局。区域内部，中南半岛形成"北电南送"格局，马来群岛形成"中心辐射外送"格局。中南半岛北部缅甸、老挝通过大规模水电开发成为主要电力外送基地，泰国、越南将成为主要的电力受入中心。马来群岛的加里曼丹岛作为主要清洁能源基地，向菲律宾、马来西亚西部、印度尼西亚爪哇岛等周边负荷中心输送电力。跨区，中南半岛与中国电力互济，丰水期水电送中国，枯水期接受中国清洁电力；马来群岛受入澳大利亚太阳能电力。2035年和2050年，跨区跨国电力流将分别达到3050万千瓦和1.2亿千瓦，其中跨区电力流分别为800万千瓦和3900万千瓦。

东南亚总体形成中南半岛和马来群岛两个次区域电网，并与周边国家广泛互联，实现清洁能源在更大范围内优化配置。按照双边、多边、次区域、区域分阶段构建东南亚电网，形成跨区跨洲七通道，成为连接东亚、南亚等区域的枢纽，实现亚洲和大洋洲互联。2035年，初步建成东南亚区域电网，形成中南半岛、马来群岛西部、马来群岛中部、马来群岛东部电网。2050年，中南半岛形成1000千伏主网架，其他地区形成500千伏主网架；东南亚区域电网向北与东亚中国互联，向西与南亚孟加拉国、印度等国互联，向南与大洋洲澳大利亚互联。

到 2050 年前，共建设 6 项跨区和 4 项跨国重点互联互通工程，支撑清洁能源基地电力送出、互补互济和汇集消纳。跨洲，建成至澳大利亚 ±800 千伏直流工程 1 个，输送容量 800 万千瓦。跨区，建成至东亚 ±800 千伏直流工程 1 个及 ±660 千伏直流工程 2 个，输送容量 1600 万千瓦；至南亚 ±800 千伏直流工程 1 个及 ±660 千伏直流工程 1 个，输送容量 1200 万千瓦。区内，建成缅甸至泰国 ±660 千伏直流工程 1 个，输送容量 400 万千瓦；建成加里曼丹岛至菲律宾、新加坡 ±500 千伏海底直流工程 3 个，输送容量 900 万千瓦。

构建东南亚能源互联网综合效益显著。经济效益方面，到 2050 年，东南亚能源互联网总投资约 1.96 万亿美元，拉动区域投资，有力带动新能源、电力、高端制造等产业发展，对经济增长的年平均贡献率可达 0.9%。社会效益方面，到 2030 年，基本消除无电人口，累计拉动就业约 700 万个，降低能源供应成本。环境效益方面，东南亚能源互联网建设可有效减少温室气体排放，到 2050 年，能源系统二氧化碳排放量降至 9 亿吨/年；有效减少气候相关灾害，减少大气污染物排放量，到 2050 年可减少排放二氧化硫 205 万吨/年、氮氧化物 245 万吨/年、细颗粒物 45 万吨/年；提高土地资源价值 44 亿美元/年。政治效益方面，通过东南亚能源互联网的建设，推动构建地区能源治理新格局，有机统一资源输出国的经济利益和消费国的能源安全，实现各国优势互补、减少资源争端，促进区域协调发展，有力推动以能源电力为纽带的深层次区域一体化。

目录

目录

图表目录

■ 图目录

■ 表目录

Chapter 1

东南亚发展新机遇

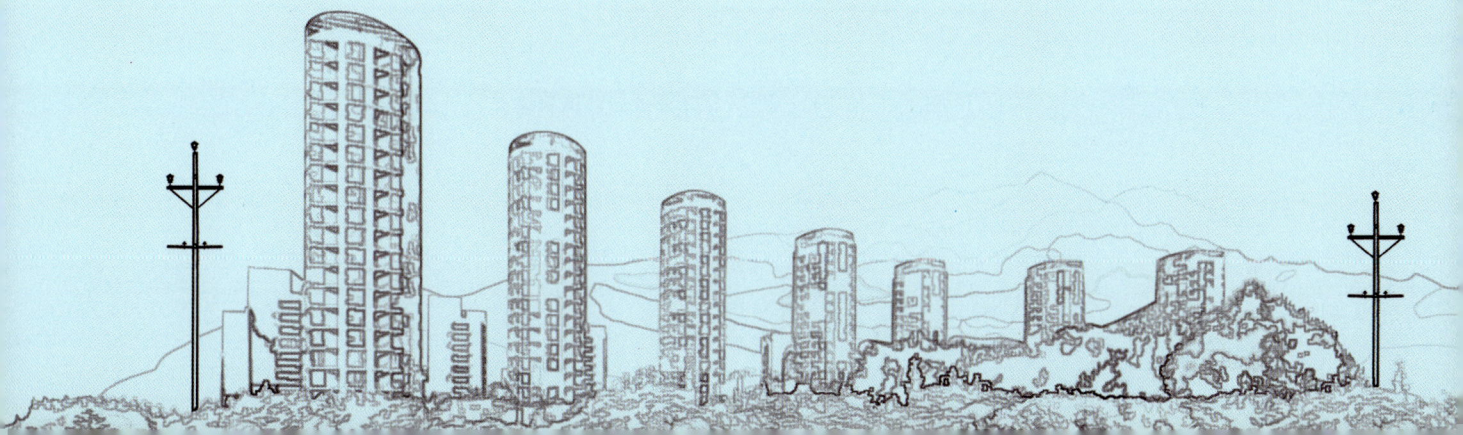

东南亚位于亚洲东南部，地处亚洲与大洋洲、太平洋与印度洋的"十字路口"，地理区位优势明显，总面积约 457 万平方千米，是当今世界最具发展活力和潜力的区域之一。东南亚各国拥有丰富的自然资源和人力资源，经济持续稳定增长，区域一体化进程加速。在合作共赢理念推动下，东南亚各国加快产业结构调整，加速互联互通，推动实现区域可持续发展。

1.1　经济社会

1.1.1　宏观经济

东南亚是全球经济增长最快的区域之一，发展潜力巨大。2017 年东南亚各国国内生产总值（GDP）总和为 2.8 万亿美元，占全球经济总量的 3.4%、亚洲的 10.1%，人均 GDP 为 4297 美元。近年来，在世界经济增速放缓的形势下，东南亚经济仍继续保持弹性，多数国家保持中速增长，总体 GDP 增速在 4.5% 以上，明显高于世界平均水平。2012—2017 年，东南亚经济增长率分别为 6.0%、5.0%、4.5%、4.7%、4.7%、5.1%。2000—2017 年东南亚经济发展情况如图 1-1 所示。预计未来几年东南亚主要国家仍将保持强劲增长动力，区域总体经济增速将保持在 5% 左右，见表 1-1。

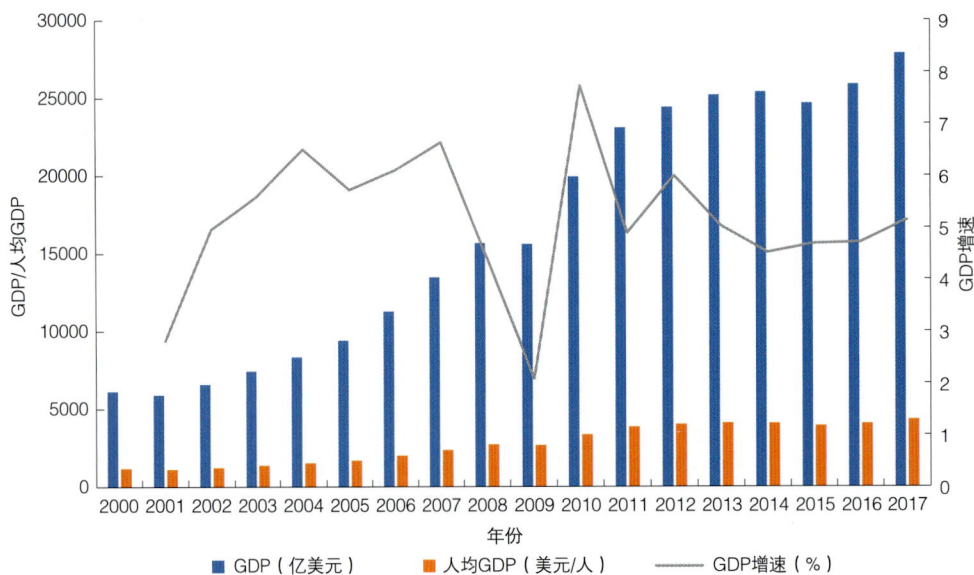

图 1-1　2000—2017 年东南亚经济发展情况❶

---

❶ 数据来源：世界银行，其中 GDP、人均 GDP 均为现价美元计算所得。

表 1-1　2020—2024 年东南亚国家 GDP 增速预测[1]

单位：%

地区及国家		2020 年 GDP 增速	2021 年 GDP 增速	2022 年 GDP 增速	2023 年 GDP 增速	2024 年 GDP 增速
中南半岛	柬埔寨	6.8	6.7	6.6	6.6	6.5
	老挝	6.5	6.7	6.8	6.8	6.8
	缅甸	6.3	6	6.1	6.3	6.4
	泰国	3	3.5	3.6	3.6	3.6
	越南	6.5	6.5	6.5	6.5	6.5
马来群岛	文莱	4.7	3.6	3.5	2.4	2.1
	印度尼西亚	5.1	5.2	5.3	5.3	5.3
	菲律宾	6.2	6.4	6.5	6.5	6.5
	马来西亚	4.4	4.9	4.8	4.8	4.9
	新加坡	1	1.6	2.2	2.4	2.5
	东帝汶	5	4.8	4.8	4.8	4.8
东南亚总体		4.7	5	5.1	5.1	5.2

东南亚国家产业结构调整升级，新兴制造业发展迅速。随着东南亚国家工业化进程的加快，各国产业结构不断调整，新兴制造业迅速发展。近年来，东南亚国家的产业结构呈现以下特点：**农业部门**的增加值比重下降。**工业部门**的增加值比重呈现波动，在新加坡、马来西亚、印度尼西亚、菲律宾等国家先升后降，在老挝、缅甸、柬埔寨等国家持续上升。其中，制造业在东南亚国家的经济地位迅速提高，电子信息工业、化学工业、汽车工业等部门发展较快，并成为一些国家的支柱行业。**服务业部门**比重不断上升，金融、贸易、旅游等产业增长较快，成为带动区域经济发展的重要力量。东南亚国家三次产业结构变化如图 1-2 所示。

1.1.2　人文社会

人口红利不断释放，劳动力市场优势突出。2017 年东南亚人口约为 6.5 亿，占世界总人口的 8.6%。人口结构方面，儿童（0—14 岁）、成年（15—64 岁）、老年（65 岁及以上）人口占比分别为 26%、68%、6%（见图 1-3），[2]劳动力资源优势显著。预计到 2035 年，东南亚人口将达到 7.51 亿，2050 年将达到 7.94 亿。老挝、柬埔寨、马来西亚、印度尼西亚、菲律宾人口增长率较高，东南亚各国人口发展趋势如图 1-4 所示。目前，东南亚国家处于人口红利的持续

---

[1] 数据来源：国际货币基金组织（IMF）。

[2] 数据来源：世界银行。

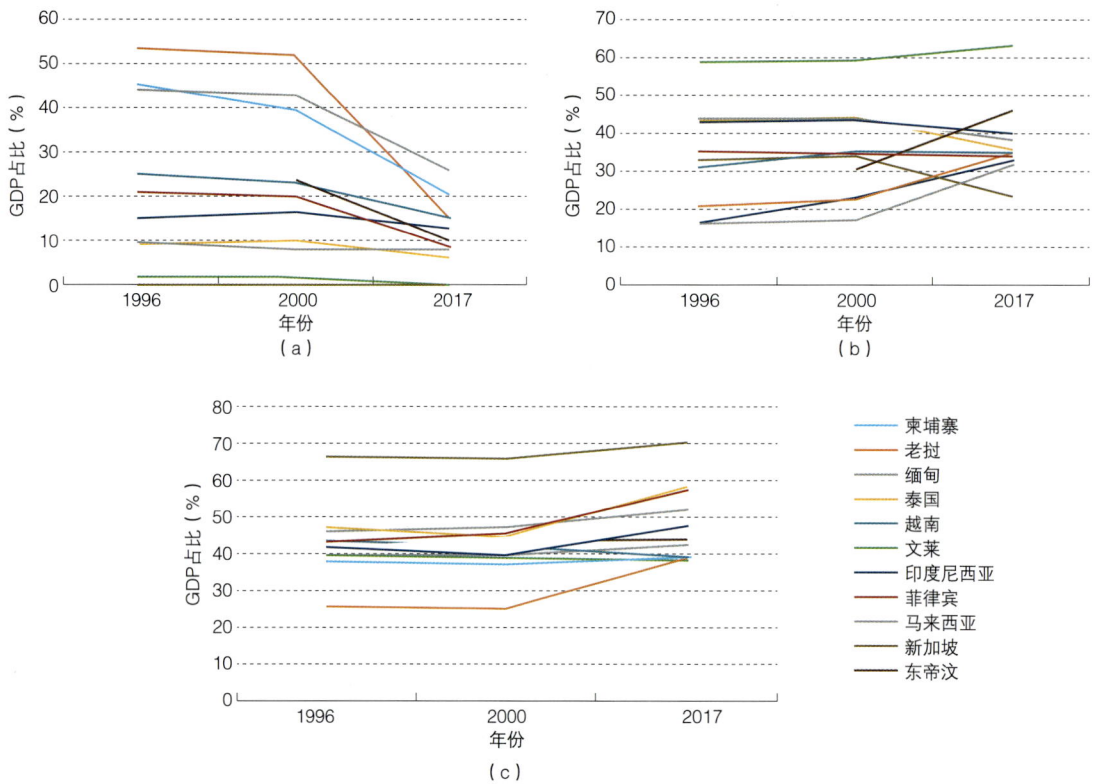

图 1-2 东南亚国家三次产业结构变化[1]

(a) 农业部门；(b) 工业部门；(c) 服务业部门

释放期，以越南、泰国、缅甸等为代表的新兴经济体正在承接来自多个国家的产业转移，有望成为下一个制造业中心。

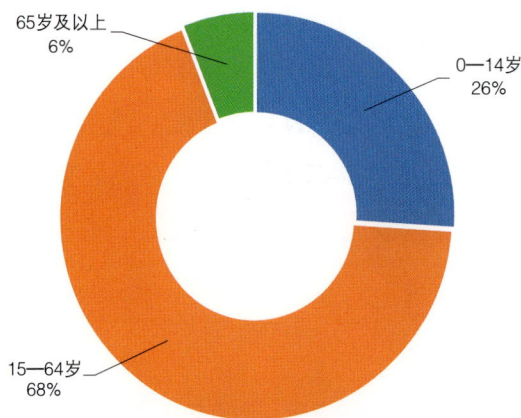

图 1-3 2017 年东南亚人口年龄段分布

基础设施建设不断加强，社会民生发展需进一步提升。由于庞大的人口数量，东南亚国家基础设施投资建设需求持续旺盛，区域内各国在能源、交通、公用事业、建筑等领域的投资建设市场空间较大。2016 年，泰国政府推出东部经济走廊建设计划，到 2021 年投资 1.5 万亿泰

---

❶ 数据来源：东南亚国家联盟，ASEAN Statistical Yearbook，2019。

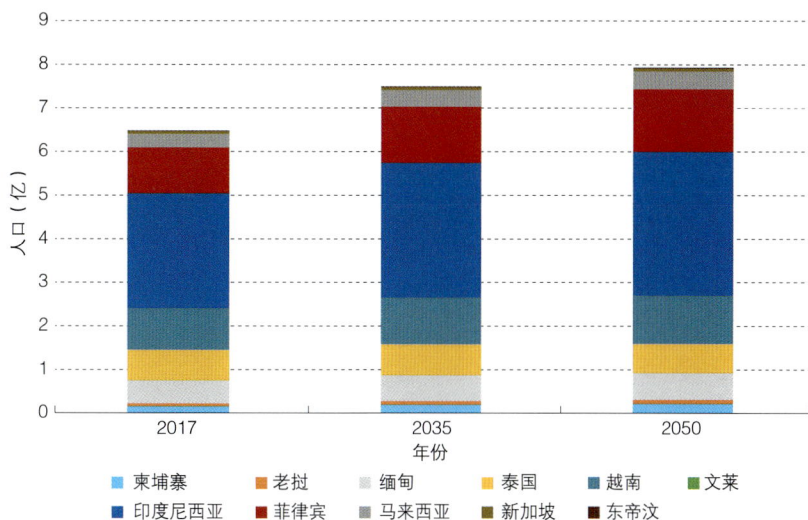

图 1-4　东南亚各国人口发展趋势

铁，兴建包括机场、港口等在内的 15 个重大项目；2017 年，菲律宾政府公布了 77 个国家重点基础设施项目，计划至 2022 年在基础设施领域投入 8 万亿～9 万亿比索。东盟公路网、东盟电网等互联互通项目已取得阶段性成果，东南亚已连续两年成为"一带一路"国家基础设施合作的最热门区域❶。虽然近年来东南亚国家基础设施条件不断改善，**但在改善社会贫困率方面仍存在较大的提升空间。**2015 年，印度尼西亚、菲律宾、缅甸仍分别有 1860 万、623 万、327 万贫困人口❷，占国家人口总数的 7.2%、6.1%、6.2%。

1.1.3　区域合作

　　区域合作机制逐步成熟，推动经济一体化快速发展。自 1967 年东南亚国家联盟（简称东盟）成立以来，东南亚各国不断加速区域一体化机制建设。1992 年东盟领导人签署了《加强东盟经济合作的框架协议》，提出了东盟自由贸易区建设目标，2007 年《东盟宪章》签署，进一步为东盟一体化发展提供了一个具有约束力的区域性法律框架。2015 年成立东盟共同体，标志着东盟区域一体化进入新的时代。**从经济一体化发展程度来看，**东盟自 1978 年开始实施特惠贸易安排，区内关税和非关税壁垒被取消或削减，各国单一窗口制度逐步建立，交易成本大幅降低，区域内贸易迅速扩大。1995—2017 年东盟区域内进出口贸易总额增长了 3.7 倍。

　　积极开展域外国际合作，不断提高国际影响力。东盟与中国、韩国、澳大利亚、新西兰、印度和日本分别签订了自由贸易协定。同时，先后建立"10+1""10+3"领导人会议❸、东亚峰会、东盟地区论坛、东盟防长扩大会议、区域全面经济伙伴关系等多边合作框架。另外，还建

---

❶《"一带一路"国家基础设施发展指数》（2017—2018）。

❷ 按世界银行定义，贫困人口标准按每天 1.90 美元衡量（2011 年购买力评价）。

❸ "10+1"即东盟分别与中国、日本、韩国的领导人会议。"10+3"即东盟与中国、日本、韩国三国的领导人会议。

立了大湄公河次区域经济合作机制。东南亚国家通过积极开展多方位外交，建立国际安全对话机制和区域经济合作框架，有效提升了在国际社会的影响力和话语权。

1.1.4　发展战略

深化国家间的互联互通是东南亚区域发展战略的核心内容之一。2016 年，东盟通过了《东盟互联互通总体规划 2025》，强调了实现交通运输、信息通信和能源电力领域的互联互通，提升区域贸易、投资的自由化和便利化水平，促进教育、文化与旅游等领域的交流沟通，为推动区域一体化进程、缩小成员间发展差距提供基础性保障。此外，东盟还发布了《东盟能源合作行动计划 2016—2025》《东盟矿产资源合作行动计划 2016—2025》《东盟科学、技术和创新行动计划 2016—2025》等重点领域的发展战略与行动计划。2016—2025 年东盟重点领域发展战略见表 1-2。

表 1-2　2016—2025 年东盟重点领域发展战略

领域	重点内容
交通运输	进一步加快区域公路、铁路和海上交通基础设施的建设和互联互通，实现东盟单一航空、航运市场，建立区域内一体化、高效和具有全球竞争力的物流和多模式的交通运输系统
能源	在东盟电网、跨东盟天然气管道、煤炭和清洁煤技术、高效使用能源和节约能源、可再生能源、区域政策和规划、民用核能等七个领域深化合作，2025 年能源强度比 2005 年降低 30%
矿产资源	在《东盟矿产资源合作行动计划（2016—2025）》框架下，促进矿产资源的可持续发展，提升矿产部门的竞争力，促进对环境和社会负责的矿产资源管理和开发，鼓励私人部门和公共部门参与矿产合作项目
科技创新	在《东盟科学、技术和创新行动计划（2016—2025）》框架下，通过区域合作促进科技研究与开发、技术转让和商业化，提高科学家和研究人员在公共部门与私人部门间的流动性，建立企业参与科技和创新活动的支持系统

东南亚国家工业化进程不断加快，在全球价值链和区域生产网络中扮演重要角色。在第四次工业革命浪潮中，各国陆续推出经济改革计划和产业转型升级战略。**新加坡**推出产业转型计划，进一步发展知识型经济，巩固提升作为全球重要金融中心和科技创新中心的竞争力。**泰国、印度尼西亚、马来西亚、越南、老挝**等国家对制造业、加工业及电子信息技术产业等领域进行中长期战略布局，强调创新驱动和数字经济建设，着力提高产业附加值和核心竞争优势，促进工业高端化、智能化发展。**菲律宾、柬埔寨、缅甸、东帝汶**加大基础设施领域的投入，重视经济特区建设，开发经济增长潜力，提升营商环境，大力吸引私人投资。**文莱**积极推动经济多元化发展，加速拓展油气下游产业链。东南亚国家经济与产业发展战略见表 1-3。

表 1-3　东南亚国家经济与产业发展战略

国家	战略名称	重点内容
柬埔寨	*Cambodia Industrial Development Policy 2015—2025*	向技能驱动、科技发展驱动和知识型现代产业转型。优先发展高附加值、创新和具有竞争力的新兴工业和制造业,通过发展工业园区促进特区的全产业链发展
老挝	*Vision 2030 and Ten-year Socio-Economic Development Strategy (2016—2025)*	促进邮政和电信服务融入现代工业,使其成为经济社会可持续发展的强劲推动力和重要手段,使老挝成为连接地区和全球的枢纽,提升全民数字建设的参与度
缅甸	*National Export Strategy 2020—2025*	通过贸易与投资政策为优先出口的缅甸商品打造国际市场,发展数字经济
泰国	*Thailand 4.0*	实现产业向高附加值和创新驱动发展转型,推动汽车制造、智能电子等十大目标产业的发展
越南	*Industrial Development Strategy through 2025, vision to 2035*	优先发展加工制造业、电子电信产业、可再生能源产业等工业部门。2025 年后工业产品出口总额比率达 90%以上,高新技术产品及应用高科技产品的价值达 50%以上
文莱	*BRUNEI Vision 2035*	提升教育水平,促进经济多元化发展,大力吸引外资,扶持中小企业,重视基础设施建设和互联互通
印度尼西亚	*Making Indonesia 4.0*	发展食品饮料、汽车、纺织、电子和化工等五个重点行业;提高工业增加值,使印尼经济更具竞争力
菲律宾	*Philippine Development Plan 2017—2022*	缩小贫富差距,开发经济增长潜力,促进包容性可持续增长,鼓励创新。2022 年实现人均收入 5000 美元以上,整体贫困率从 21.6%降至 14%
马来西亚	*National Policy on Industry 4.0*	优先发展电子电气、机械设备、化工、航空航天、医疗设备和可再生能源等产业,将制造业人均生产力水平提升 30%
新加坡	*The Industry Transformation Programme*	计划投入 45 亿新元,为能源化工、精密工程、海事工程、航空业等 23 个工商领域制定转型蓝图,提高企业生产力、创新能力和国际化水平
东帝汶	*Strategic Development Plan 2011—2030*	发展核心基础设施、人力资源,促进战略性产业中私营部门的就业增长,包括农业、旅游业、石油和天然气下游产业等

1.2　能源电力

1.2.1　能源发展

能源生产以化石能源为主,总量增长趋缓。2000—2017 年,东南亚能源生产量从 7 亿吨标准煤增长至 12.2 亿吨标准煤,年均增长 3.3%;人均能源生产量 1.9 吨标准煤,相当于全球平均水平的 73%[1],如图 1-5 所示。

---

[1] 数据来源:国际能源署,世界能源平衡,2017.

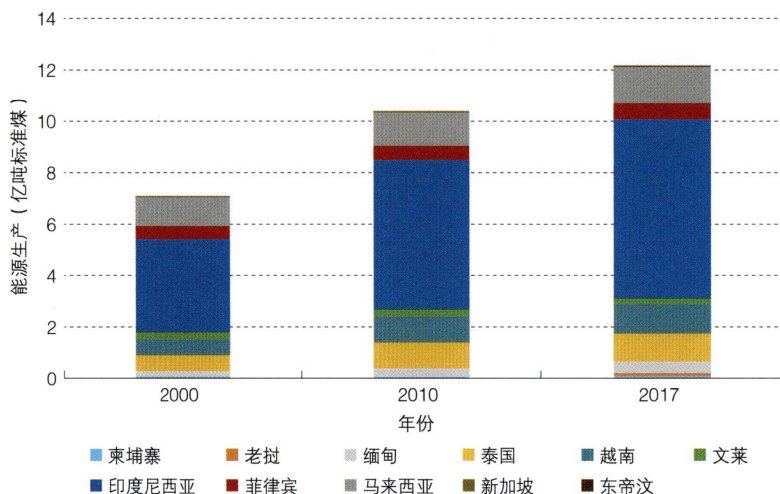

图 1-5　2000—2017 年东南亚能源生产情况

2017 年，化石能源产量占能源生产总量比重增至 70%。印度尼西亚、越南等国家能源需求增长较快，拉动东南亚煤炭产量大幅增长。2000—2017 年，东南亚煤炭产量从 0.8 亿吨标准煤增至 4.3 亿吨标准煤，年均增速 10.1%；其中印度尼西亚、越南煤炭产量占东南亚煤炭产量的 95%，煤炭产量占东南亚能源生产总量比重上升至 35%。东南亚油气资源较一般，主要集中在印度尼西亚、马来西亚等。2017 年，东南亚石油产量 1.7 亿吨标准煤，天然气产量 2.6 亿吨标准煤，占东南亚能源生产总量比重分别为 14%、21%；生物质能以薪柴等传统生物质为主，占东南亚能源生产总量的 15%，主要分布在印度尼西亚、泰国、越南等；水能和其他可再生能源生产量占东南亚能源生产总量的 15%。

一次能源消费持续增长，化石能源占比超过 65%。东南亚一次能源消费总量从 2000 年的 6 亿吨标准煤增长至 2017 年的 10.8 亿吨标准煤，年均增速 3.5%。东南亚一次能源消费情况如图 1-6 所示。东南亚年人均能源消费量 1.9 吨标准煤，相当于全球平均水平的 62%。印度尼西

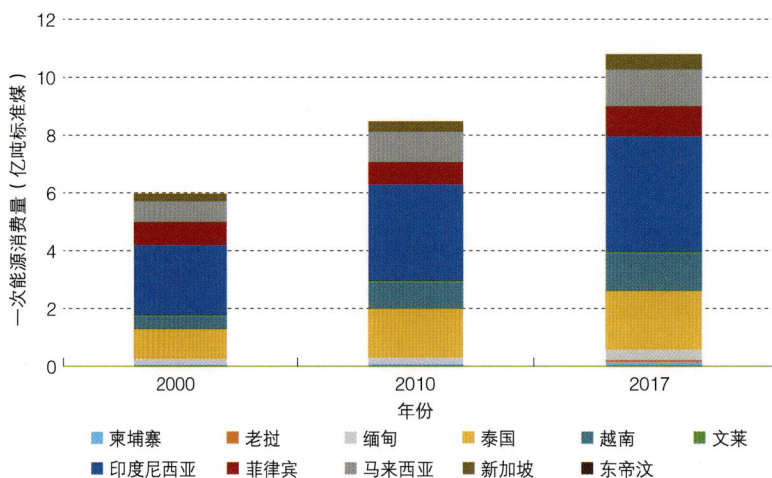

图 1-6　2000—2017 年东南亚一次能源消费情况

亚、泰国、越南的一次能源消费量较大,占东南亚比重分别为 37%、19%、12%。2017 年,东南亚化石能源消费占一次能源消费比重达到 67%,其中煤炭、石油、天然气占一次能源消费比重分别为 18%、31%、18%;生物质能消费量增长放缓,占一次能源消费比重下降至 17%,生物质能从第二大能源品种下降至第四大能源品种;水能和其他可再生能源占一次能源消费比重增至 16%。2017 年东南亚一次能源消费结构如图 1-7 所示。

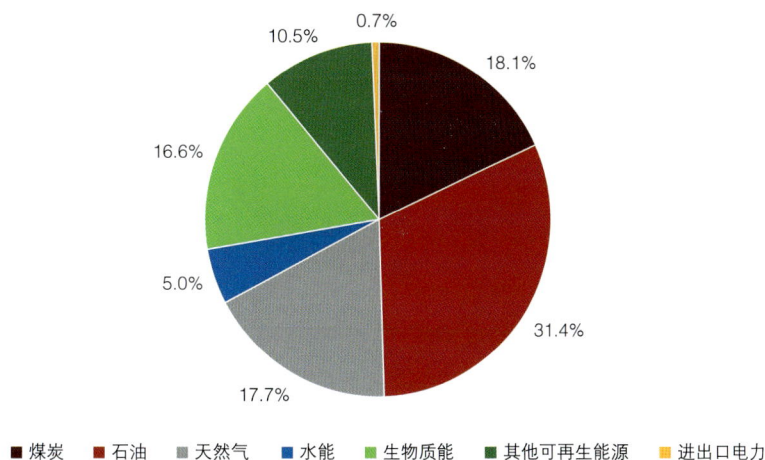

图 1-7　2017 年东南亚一次能源消费结构

终端能源消费以石油和生物质能为主,电能比重上升,生物质能比重下降。2000—2017 年,东南亚终端能源消费总量从 3.9 亿吨标准煤增长至 6.9 亿吨标准煤❶,年均增速 3.5%。2017 年,工业、交通、建筑部门的能源消费量分别为 2.1 亿、1.9 亿、2.1 亿吨标准煤,占比分别为 30%、27%、31%。东南亚终端能源消费情况如图 1-8 所示。2017 年,东南亚化石能源消费增长迅速,化石能源占终端能源消费比重从 2000 年的 56% 增至 62%,其中煤炭、石油、天然气消费比重

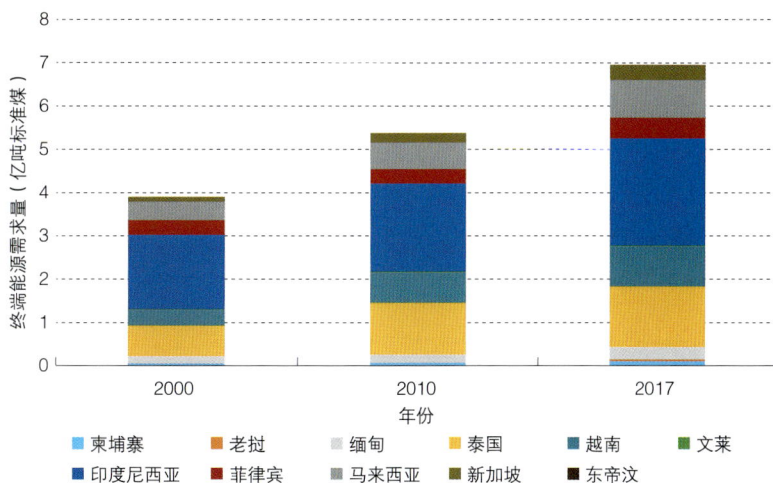

图 1-8　2000—2017 年东南亚终端能源消费情况

❶ 采用发电煤耗法计算,下同。

分别上升至 8%、46%、9%；生物质能仍是东南亚终端第二大能源品种，占终端能源消费比重从 34%大幅下降至 22%；电能消费大幅增长，占终端能源消费比重从 10%提高到 16%。2017 年东南亚终端能源消费结构如图 1-9 所示。

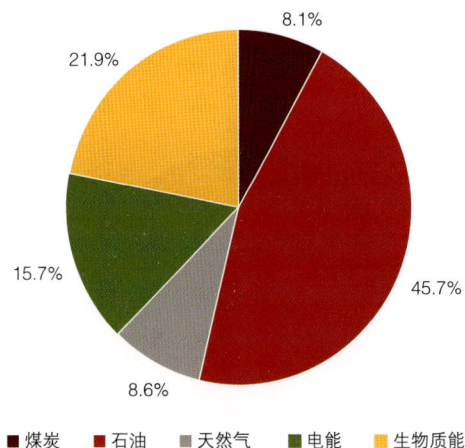

图 1-9　2017 年东南亚终端能源消费结构

由于过度使用化石能源，东南亚区域温室气体排放量大、受气候灾害影响严重，存在颗粒物污染等环境问题，亟须能源电力清洁转型。如果延续目前能源发展模式，东南亚的二氧化碳排放量将从 2015 年的 14 亿吨增加到 2040 年的 34 亿吨，人均二氧化碳排放量将增加 1.9 倍[1]。东南亚受极端天气相关灾害影响十分严重，2004—2013 年共发生 527 起极端天气灾害，死亡人数高达 35 万[2]。预计到 21 世纪末，气候变化带来的影响将使东南亚 GDP 减少 11%[3]。

东南亚化石能源燃烧和大规模植被破坏导致严重烟霾污染问题，危害人类健康。在 PM2.5 浓度最高的 31 个特大城市中，有 3 个位于东南亚[4]。受森林砍伐、农地盐碱化等影响，东南亚存在大面积的土地退化和生物多样性减少等问题。

为应对气候变化，东南亚各国签署了《巴黎协定》，制定了应对气候变化国家自主贡献目标。其中，泰国承诺 2030 年温室气体排放较政策延续情景减少 20%[5]，印度尼西亚承诺 2030 年温室气体排放较政策延续情景减少 29%[6]，菲律宾承诺 2030 年温室气体排放较政策延续情景减少 70%[7]。

---

[1] 数据来源：东南亚能源互联网规划研究报告，全球能源互联网发展合作组织，2018。
[2] 数据来源：联合国环境规划署，全球环境展望 6——亚太区域报告，2016。
[3] 数据来源：Southeast Asia and the Economics of Global Climate Stabilization，亚洲开发银行，2015。
[4] 数据来源：联合国环境规划署，全球环境展望 6——亚太区域报告，2016。
[5] 数据来源：泰国政府，泰国国家自主贡献，2016。
[6] 数据来源：印度尼西亚政府，印度尼西亚国家自主贡献，2016。
[7] 数据来源：菲律宾政府，菲律宾国家自主贡献，2016。

1.2.2 电力发展

东南亚电力消费占亚洲比重小，用电量年均增速相对较快。2017 年东南亚总用电量约 8763 亿千瓦时，较 2000 年增长了 2.8 倍，年均增速约 6.2%；电力消费主要集中在印度尼西亚、泰国、越南和马来西亚，用电量分别占东南亚总用电量的 25%、22%、18% 和 16%。2017 年，东南亚仍有超过 3000 万无电人口，主要分布在柬埔寨、缅甸、印度尼西亚和菲律宾等国家。2017 年东南亚各国电力发展现状见表 1-4。

表 1-4 2017 年东南亚各国电力发展现状

次区域及国家	装机容量（万千瓦）	用电量（亿千瓦时）	年人均用电量（千瓦时）	最大负荷（万千瓦）	电力普及率（%）
中南半岛	9968	3775	1568	6146	—
柬埔寨	218	69	429	92	89
老挝	505	46	665	106	94
缅甸	545	175	328	308	70
泰国	4569	1885	2731	2858	100
越南	4131	1600	1675	2783	100
马来群岛	13 516	4988	1223	8061	—
文莱	82	34	7994	60	100
印度尼西亚	6259	2210	837	3504	98
菲律宾	2341	817	779	1581	93
马来西亚	3447	1436	4540	2177	99
新加坡	1360	487	8530	719	100
东帝汶	27	4	309	20	100

电源装机以化石能源为主，清洁能源占比较低。2017 年东南亚电源总装机容量 2.35 亿千瓦，化石能源占 73%，其中煤电装机容量 8395 万千瓦，气电装机容量 8100 万千瓦。清洁能源装机占比约 27%，其中水电装机容量 4670 万千瓦，占全部可再生能源装机容量的 73%，太阳能、风能发电处于起步阶段。2017 年东南亚电源装机结构如图 1-10 所示。分区域看，**中南半岛**总装机容量约 1 亿千瓦，其中化石能源占比 62%，水电占比 30%，风电占比不足 1%，太阳能发电占比不到 3%。水电多为 25 万千瓦及以下的中小型水电站，总装机容量 2980 万千瓦，其中越南水电装机容量 1670 万千瓦，占东南亚水电装机比例超过 50%。**马来群岛**总装机容量约 1.35 亿千瓦，其中化石能源装机占比达到 81%；水电装机容量 1515 万千瓦，占比 12%，风能、太阳能等清洁能源发电装机占比较小。

2017 年东南亚清洁能源发电量 2192 亿千瓦时，占总发电量的 23.1%；火电发电量 7282 亿千瓦时，占总发电量的 76.9%。水电发电量 1675 亿千瓦时，占总发电量的 17.7%；非水可再生能源发电量 517 亿千瓦时，占比 5.4%。2017 年东南亚发电量结构如图 1-11 所示。

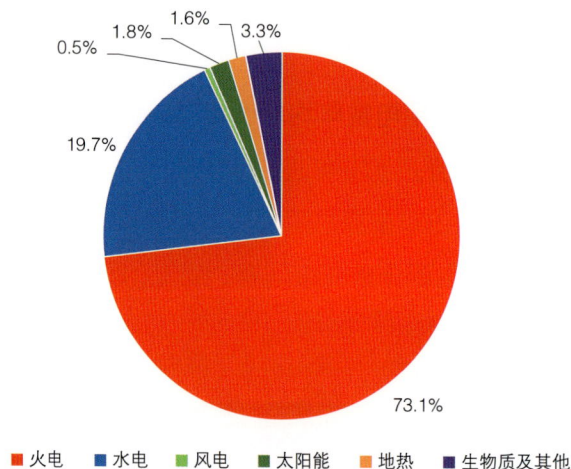

图 1-10　2017 年东南亚电源装机容量结构

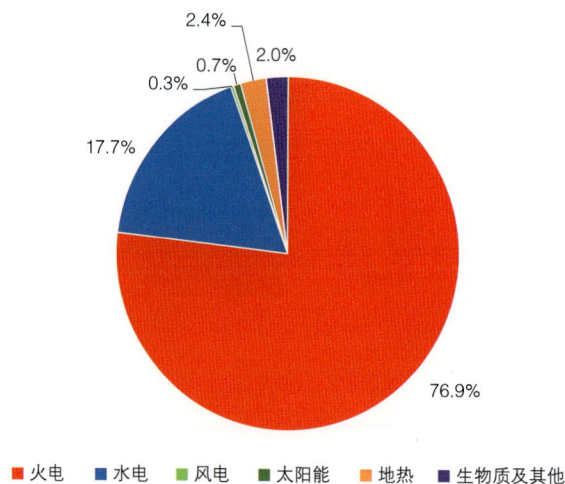

图 1-11　2017 年东南亚发电量结构

人均装机容量和用电水平提升潜力大。2017 年，东南亚人均装机容量 0.36 千瓦，人均用电量 1350 千瓦时，低于世界人均用电量（4616 千瓦时）。东南亚各国年人均用电量差异较大，中南半岛年人均用电量约 1570 千瓦时，其中缅甸、柬埔寨、老挝年人均用电量分别为 328、429、665 千瓦时；马来群岛年人均用电量约 1220 千瓦时，其中文莱、新加坡年人均用电量分别为 7994、8530 千瓦时，是印度尼西亚、菲律宾的 10 倍以上。2017 年东南亚各国年人均用电量如图 1-12 所示。

双边电力贸易已具有一定规模。东南亚国家之间多以点对网送电或电网单带邻国部分负荷的方式进行双边跨境电力交换，2017 年跨国交换容量约 550 万千瓦，相当于 2017 年总装机容量的 2.3%。受海洋分割，马来群岛各岛之间还没有电力通道。截至 2017 年年底，东南亚与中国云南省及广西壮族自治区交换电量约 517 亿千瓦时[1]。从电压等级看，现有跨国联网线路中，

---

[1] 数据来源：《中国南方电网 2017 企业社会责任报告》。

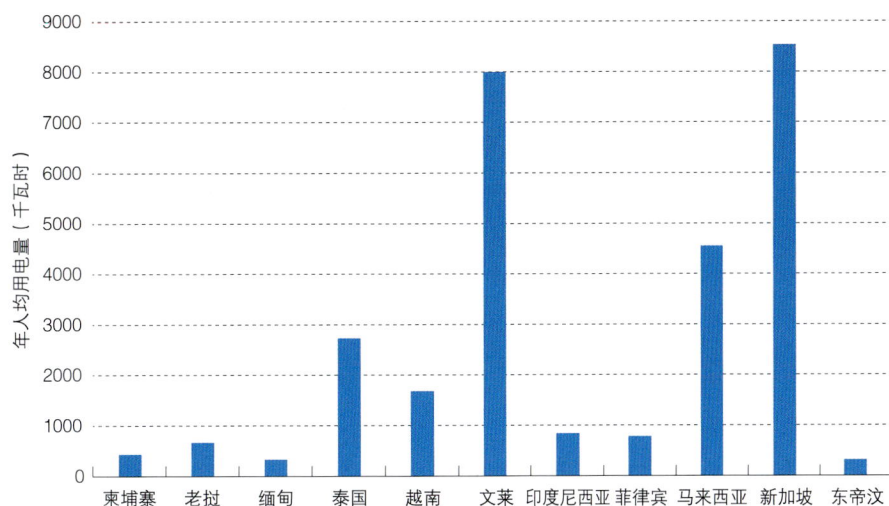

图 1-12　2017 年东南亚各国年人均用电量

仅有 7 回线路（中国与缅甸 1 回、老挝与泰国 6 回）为 500 千伏，其他均为 230 千伏、110 千伏及以下电压等级线路。整体上，东南亚跨国联网较为薄弱，电压等级低。东南亚电网互联现状如图 1-13 所示。

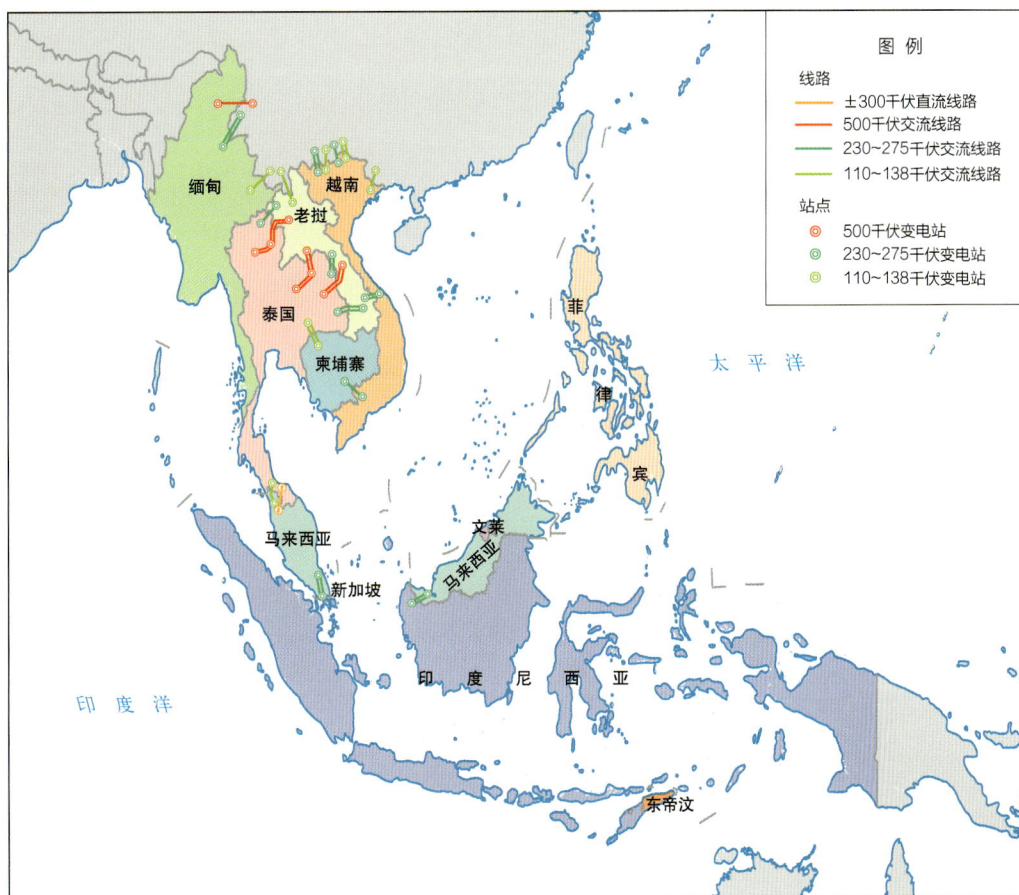

图 1-13　东南亚电网互联现状

此外，东南亚各国领导人在第 17 届东盟首脑会议期间通过了《东南亚互联互通总体规划》，其中囊括多项电网互联互通工程和计划。目前，已经签订和正在推进多项双边/多边互联合作，如老挝、泰国、越南签署了利益共享协议，计划在 2035 年前实现老挝向泰国最大输送电力 900 万千瓦，向越南最大输送电力 500 万千瓦❶；老挝与缅甸之间有互联计划；印度尼西亚与马来西亚有在苏门答腊岛及马六甲州之间实现互联的初步意愿；中国与老挝、缅甸、越南等有电力交换意向。

清洁发展成为各国能源电力发展的主要目标。东南亚清洁能源资源丰富，为实施能源发展清洁转型，东盟提出 2025 年可再生能源在一次能源结构中的占比达到 23%的目标，东南亚各国也分别提出了相应的可再生能源发展目标。东盟各国可再生能源发展目标见表 1-5。

表 1-5　东盟各国可再生能源发展目标❷

国家	可再生能源发展目标	参考资料
文莱	2035 年，可再生能源发电量占总发电量的 10%	Energy White Paper (2014)
柬埔寨	2020 年，大型水电装机容量达到 224.1 万千瓦，约占总装机容量的 80%	Electric Power Development Plan 2008-21 (2007)
印度尼西亚	2025 年可再生能源占一次能源生产量的 23%，2030 年达到 31%	National Energy Policy (Government Document No. 79, 2014)
老挝	2025 年可再生能源（不含 1.5 万千瓦以上水电）占终端能源比重达到 30%	Renewable Energy Development Strategy Policy (2016)
马来西亚	2020 年，可再生能源装机容量达到 208 万千瓦（不包括大型水电），占马来西亚西部和沙巴州总装机容量的 7.8%	National RE Policy and Action Plan (2011) and 11th Malaysia Plan 2016—2020 (2015)
缅甸	2030—2031 年，水电装机容量 889.6 万千瓦（占总装机容量的 38%），非水可再生能源装机容量 200 万千瓦（占总装机容量的 9%）	National Renewable Energy Policy and Planning (draft)
菲律宾	2030 年，可再生能源装机容量达到 1530 万千瓦，其中新增光伏发电装机容量 28.4 万千瓦，地热发电装机容量 149.5 万千瓦	National Renewable Energy Development Plan (2010)
新加坡	2020 年，光伏发电装机容量达到 35 万千瓦	Singapore Sustainable Blueprint (2009)
泰国	2036 年，可再生能源占终端能源消费的 30%，可再生能源发电量占比达到 20.1%	Alternative Energy Development Plan (2015)
越南	2030 年，可再生能源装机容量 1.3 亿千瓦，占总装机容量的比例达到 21%，其中风电占比 2.1%、水电占比 15.5%、生物质发电占比 2.1%、光伏占比 3.3%	Decision 428/QD-TTg dated March 18, 2016

1.3　可持续发展思路

1.3.1　全球能源互联网发展理念

能源发展方式的不合理是引发全球可持续发展挑战的关键因素，化石能源的大量消耗导致

---

❶ 数据来源：Dr. Daovong Phonekeo. Pak Beng Hydropower in the Context of Lao Development Strategy and MRC Sustainable Development, Regional Stakeholder Forum on the Council Study and the PakBeng Hydropower Project 22—23 February 2017, Luangprabang, Lao PDR.

❷ 数据来源：IRENA，Renewable Energy Market Analysis: Southeast Asia，2018.

全球资源匮乏、环境污染、气候变化、健康贫困等一系列严峻问题。应对挑战，走可持续发展之路，实质就是推动清洁发展。构建全球能源互联网，为推动世界能源转型、加快清洁发展提供了根本方案。全球能源互联网是能源生产清洁化、配置广域化、消费电气化的现代能源体系，是清洁能源在全球范围大规模开发、输送和使用的重要平台，实质就是**"智能电网+特高压电网+清洁能源"**。

构建全球能源互联网，将加快推动**"两个替代、一个提高、一个回归、一个转化"**。

两个替代

能源开发实施清洁替代，以水能、太阳能、风能等清洁能源替代化石能源；能源消费实施电能替代，以电代煤、以电代油、以电代气、以电代柴，用的是清洁发电。

一个提高

提高电气化水平和能源效率，增大电能在终端能源消费中的比重，在保障用能需求的前提下降低能源消费量。

一个回归

化石能源回归其基本属性，主要作为工业原料和材料使用，为经济社会发展创造更大价值、发挥更大作用。

一个转化

通过电力将二氧化碳、水等物质转化为氢气、甲烷、甲醇等燃料和原材料，破解资源困局，满足人类永续发展需求。

构建全球能源互联网，加快形成清洁主导、电为中心、互联互通、共建共享的能源系统，能够极大地促进能源开发、配置和消费全环节转型，让人人获得清洁、安全、廉价和高效的能源，开辟一条以能源清洁发展推动全球可持续发展的科学道路。

1.3.2 东南亚能源互联网促进东南亚可持续发展

东南亚可持续发展需秉持绿色低碳发展理念，以清洁发展带动能源转型，统筹东南亚各国

目标与诉求，推动东南亚经济持续快速发展，促进产业绿色低碳转型升级，全面落实《巴黎协定》2 摄氏度乃至 1.5 摄氏度温控目标，进一步深化区域一体化，实现东南亚更为公平和均衡的可持续发展。

经济方面	社会方面	合作方面	环境方面
以清洁能源推动产业绿色可持续发展，促进东南亚国家间互联互通、增进贸易往来，提升国际竞争力。	不断提高电力普及率，强化基础设施建设，提升社会福祉，实现社会的均衡和包容性发展。	以能源合作为龙头，推动区域能源市场合作，深化东南亚区域一体化发展。	加大温室气体和各类污染物排放控制力度，积极应对气候变化，积极推动生态文明建设。

实现东南亚可持续发展，关键是加快开发清洁能源，加强能源基础设施互联互通，构建东南亚能源互联网，打造清洁能源大规模开发、大范围输送和高效率使用平台，保障安全、充足、经济、高效的能源供应，加速实现绿色低碳发展。东南亚能源互联网是全球能源互联网的重要组成部分，**其发展总体思路是**立足资源禀赋特性，大力发展水能、太阳能、风能及地热能等清洁能源，形成清洁主导的发展模式；加快推进电网互联建设，统筹利用区内、区外两种资源和两个市场，打造绿色低碳、安全可靠、灵活互济的清洁能源大范围配置平台，带动区域多层次融合；以"电—矿—冶—工—贸"联动发展模式，推动能源发展方式和经济产业发展模式转型，实现区域全面均衡发展。

加快清洁能源开发，形成清洁主导的发展模式。加快中南半岛北部和加里曼丹岛水能、中南半岛西南部风能、太阳能开发，推动马来群岛地热能、潮汐能利用，从源头上摆脱对化石能源的依赖，以清洁能源电力保障可持续发展需求，将资源优势转化为经济优势，推动区域绿色低碳发展。

加快电网互联互通，提升清洁能源消纳能力，带动区域多层次融合。加快各国电网升级和东南亚区域电网建设，推动与中国、孟加拉国、印度、澳大利亚等周边国家的电力互联，消除无电人口，解决电力短缺问题，满足各国之间电力互济、余缺互补的需要，扩大清洁能源消纳范围。以电力基础设施互通为抓手，深化区域一体化建设，全面促进各国政策沟通、贸易融通、资金畅通。

创新"电—矿—冶—工—贸"联动模式，实现区域全面均衡发展。在清洁能源和矿产资源富集地区，打造电力、采矿、冶金、工业、贸易协同发展的产业链，走产业集约化、能源利用清洁化、能源出口多样化的发展道路，实现资金投入、资源开发、工业发展、出口创汇的良性循环，引导资金、技术等生产要素向经济发展滞后地区流动，缩小地区发展差异。

能源电力发展趋势与展望

　　围绕促进东南亚经济、社会和环境的全面协调可持续发展，实现《巴黎协定》2 摄氏度温控目标，综合考虑资源、人口、经济、产业、技术、气候和环境等因素，对东南亚能源电力发展趋势进行研判。东南亚能源供应向清洁主导方向发展，能源消费向电为中心方向发展，能源需求稳步增长。终端部门电气化水平提高，拉动东南亚电力需求持续增长。随着风电和太阳能发电成本的快速下降，清洁能源装机容量快速提升，电力供应呈现清洁化、多元化、广域化发展趋势。

2.1　能源需求

2.1.1　一次能源

　　一次能源需求持续较快增长，增速逐渐放缓。按发电煤耗法计算，2017—2050 年，东南亚一次能源需求由 9.6 亿吨标准煤增至 15.5 亿吨标准煤，年均增速 1.5%，其中 2017—2035 年年均增速 2.0%，2035—2050 年年均增速 0.5%。**人均能源需求稳步提升。**2017—2050 年，东南亚人均能源需求从 1.4 吨标准煤提升至 1.9 吨标准煤，增幅 31%。其中，新加坡、泰国、马来西亚人均需求较高，2050 年分别达到 6.7、4.2、3.2 吨标准煤，高于亚洲平均水平；柬埔寨、缅甸、东帝汶人均需求提升较快，但仍大大落后于亚洲平均水平，分别为 1.5、1.3、0.8 吨标准煤。2017—2050 年东南亚各国一次能源需求预测如图 2-1 所示。

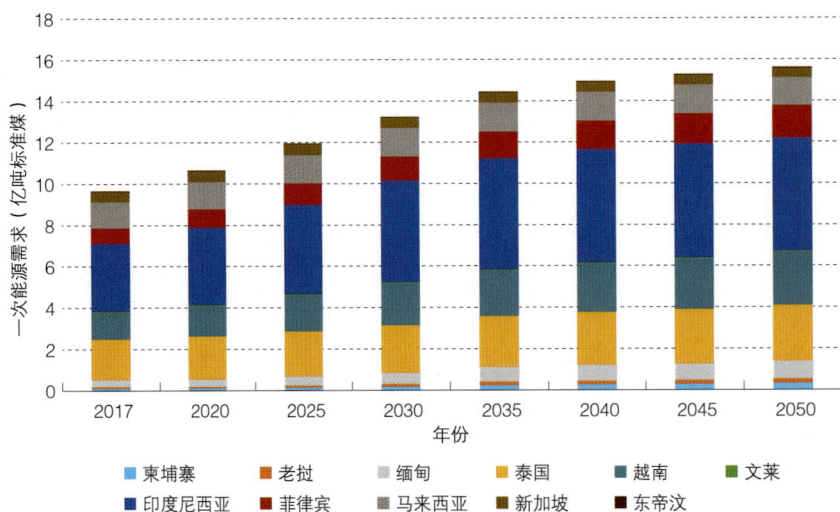

图 2-1　2017—2050 年东南亚各国一次能源需求预测

　　印度尼西亚、泰国、越南引领东南亚能源增长，柬埔寨、老挝、缅甸能源需求增速较快，新加坡、文莱需求下降。2050 年，印度尼西亚、泰国、越南、菲律宾能源需求分别达到 5.4 亿、2.7 亿、2.6 亿、1.6 亿吨标准煤，2017—2050 年年均增速分别为 1.5%、1.0%、2.2%、2.2%，四国能源需求占东南亚总需求比重由 75% 上升至 80%，增量占总增量的 85%。东帝汶、柬埔寨、老挝、缅甸能源需求增速快，分别达到 6.2%、3.2%、2.9%、2.9%，远高于 1.3% 的亚洲平均水平。2017—2050 年东南亚各国一次能源需求年均增长率预测如图 2-2 所示。

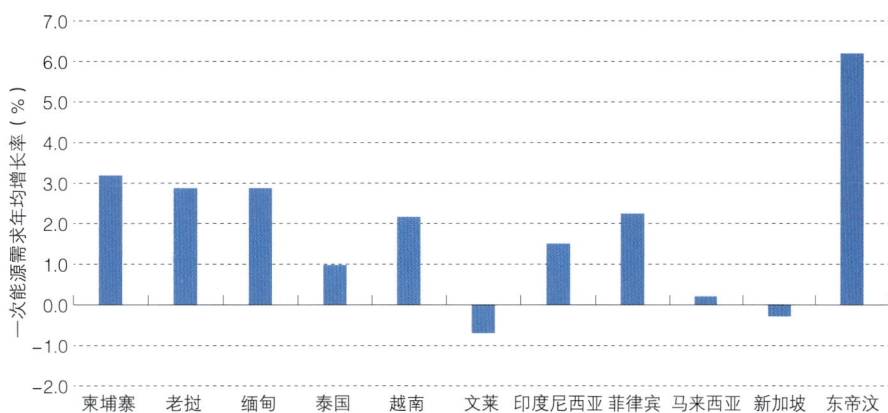

图 2-2　2017—2050 年东南亚各国一次能源需求年均增长率预测

煤炭、石油需求分别在 2025、2030 年左右达峰，天然气需求增速逐渐放缓，能源结构逐步从化石能源主导向清洁能源主导转变。东南亚煤炭需求在 2025 年左右达到峰值，约 2.2 亿吨标准煤，此后以年均 2.0% 的速度快速下降，2050 年降至 1.3 亿吨标准煤，较 2017 年下降 32%；石油需求 2030 年左右达到峰值，约 4.1 亿吨标准煤，此后逐年下降，2050 年降至 3.0 亿吨标准煤，较 2017 年下降 12%；天然气需求保持稳健增长，但增速逐渐放缓，2050 年达到 3.1 亿吨标准煤，较 2017 年增长 72%，年均增速 1.7%；清洁能源需求快速增长，其中水能、风光等可再生能源需求增速最快，分别达到 4.3%、9.7%，2050 年占一次能源比重分别达到 16%、19%。2017—2050 年东南亚一次能源分品种需求预测如图 2-3 所示。2017—2050 年，东南亚清洁能

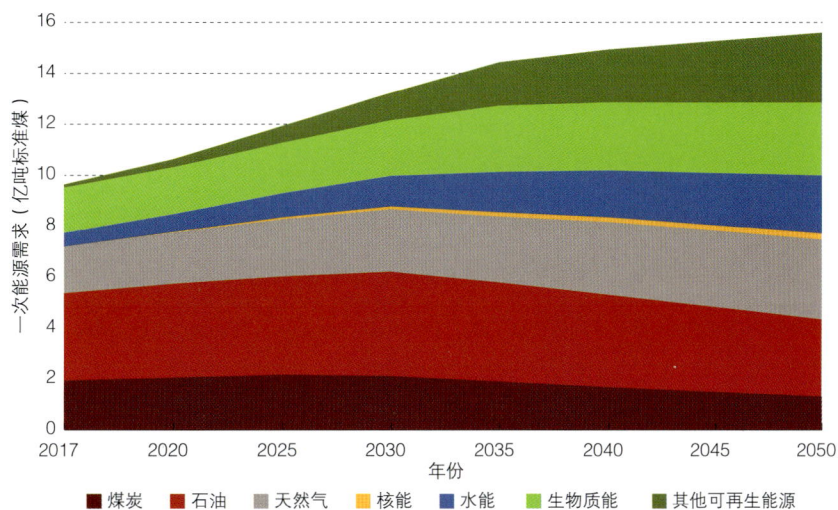

图 2-3　2017—2050 年东南亚一次能源分品种需求预测

源占一次能源比重从 28% 提高至 57%[1]，煤炭、石油和天然气比重分别下降至 9%、16% 和 19%。预计 2045 年左右，清洁能源将超越化石能源成为东南亚主导能源。分国家看，柬埔寨、缅甸、越南清洁能源占一次能源需求比重较高，2050 年分别达到 80%、80%、69%；新加坡、印度尼西亚、马来西亚逐渐摆脱对化石能源的高度依赖，但清洁能源占比仍落后于区域平均水平，2050 年分别为 53%、52%、33%。东南亚各国清洁能源占一次能源需求比重如图 2-4 所示。

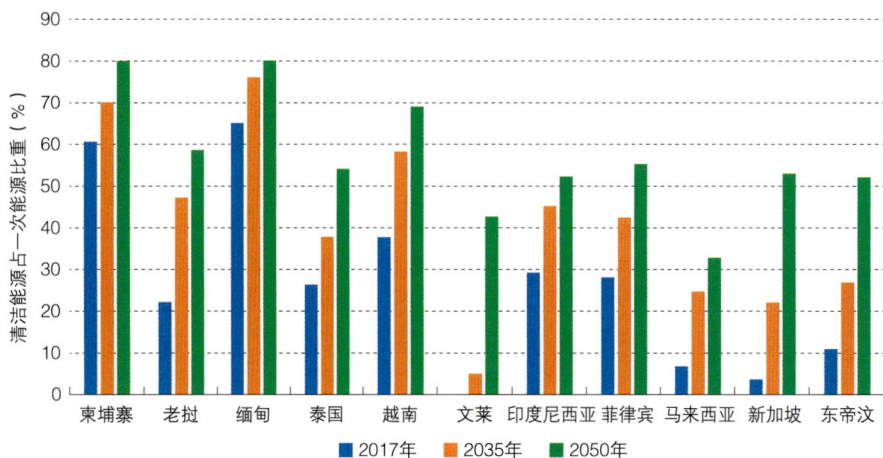

图 2-4   东南亚各国清洁能源占一次能源需求比重预测

2.1.2   终端能源

东南亚终端能源需求稳步上升，2035 年后增速放缓。2017—2035 年，东南亚终端能源需求从 6.9 亿吨标准煤快速增长至 9.3 亿吨标准煤，年均增速 1.6%；2035—2050 年年均增速放缓至 0.7%，2050 年达到 10.2 亿吨标准煤。**分领域看**，人口较快增长和快速城镇化，以及商业、旅游业发展推动建筑部门用能从 2017 年的 2.1 亿吨标准煤增至 2050 年的 3.8 亿吨标准煤，年均增速 1.7%，占终端用能比重提升 6 个百分点至 37%。随着交通基础设施改善，居民出行及现代化物流将拉动交通部门用能快速增长，2030 年交通部门用能达到峰值 2.6 亿吨标准煤，此后由于电动交通、氢能交通大规模替代传统燃油交通，能效提升促使交通部门用能需求缓慢下降，2050 年降至 2.5 亿吨标准煤。2017—2050 年，交通部门用能年均增速 0.9%，占终端用能比重下降 3 个百分点至 24%。区域工业化进程稳步推进，特别是老挝、缅甸等落后国家工业发展较快，工业部门用能稳步提升，2050 年达到 2.7 亿吨标准煤，年均增长 0.8%，占终端用能比重约 27%。化石能源利用方式由直接燃烧回归其原材料属性，2050 年非能利用方式用能需求增长至 1.2 亿吨标准煤，占终端用能比重为 12%。2017—2050 年东南亚终端各部门能源需求预测如图 2-5 所示。

---

[1] 计算化石能源、清洁能源占一次能源比重时，不计入化石能源非能利用，下同。

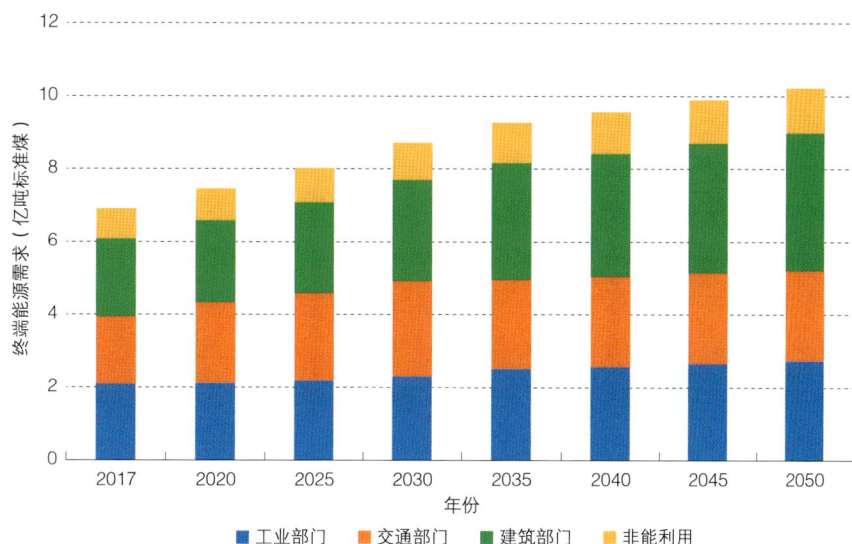

图 2-5　2017—2050 年东南亚终端各部门能源需求预测

终端用能电气化水平不断提升，2045 年前形成以电为中心的格局。 2017—2050 年，化石能源占终端能源比重❶由 57% 降至 33%，2050 年煤炭、石油需求分别降至 0.3 亿、2.7 亿吨标准煤，较 2017 年下降 45%、13%；天然气需求由 0.6 亿吨标准煤增至 1.1 亿吨标准煤。同一时期，发电能源占一次能源比重从 34% 提高到 54%，电能占终端能源比重从 18% 提高到 42%，预计 2045 年前，电能将超过石油成为占比最高的终端能源品种。分国家看，新加坡、越南、文莱等国电气化水平较高，2050 年电能占终端能源比重超过 50%。2017—2050 年东南亚终端能源分品种需求和电能占比预测如图 2-6 所示。东南亚各国电能占终端能源需求比重预测如图 2-7 所示。

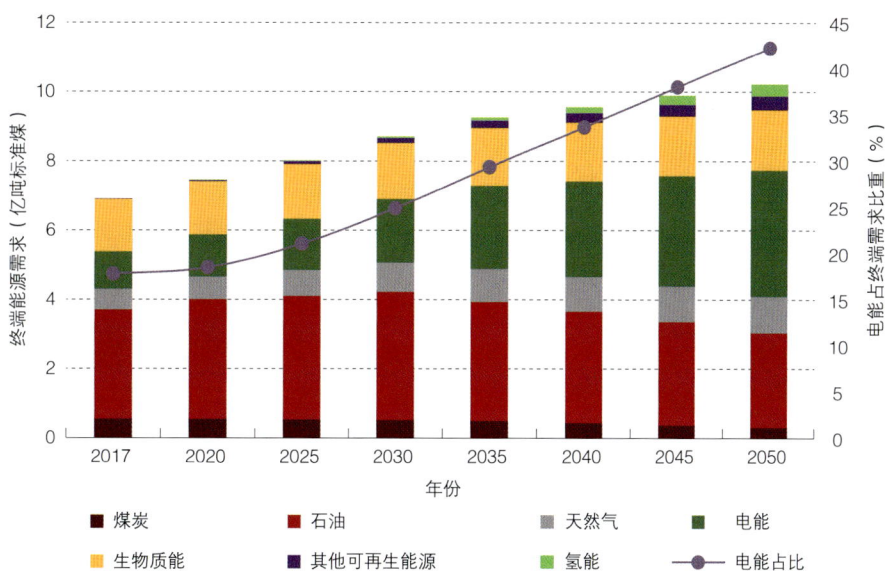

图 2-6　2017—2050 年东南亚终端能源分品种需求和电能占比预测

---

❶ 计算化石能源、电能占终端能源比重时，不计入化石能源非能利用，下同。

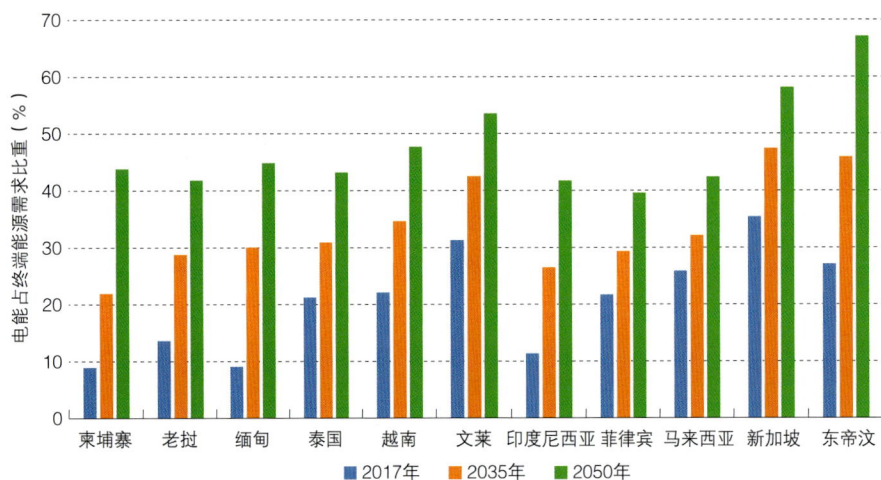

图 2-7　东南亚各国电能占终端能源需求比重预测

分领域看，建筑部门电能占比最高、交通部门增幅最大。建筑部门是电气化水平最高的终端用能部门。随着居民制冷、炊事电气化进一步深入，以及商业地产、旅游业等用电行业的快速发展，2017—2050 年建筑部门电能占比从 29% 提高到 53%。交通部门中，随着电动汽车、铁路电气化的大范围普及，以及氢能在长途货运和航空航海领域的应用，部门电气化率快速上升，电能占比由不足 1% 大幅提升至 28%。东南亚工业化进程加速推进，纺织、食品加工等轻工业，以及消耗电能的中高端制造业快速发展，用电生产线和电炉将逐步成为工业主力设备，工业部门电能占比从 23% 提升至 43%。东南亚终端各部门电能占比预测如图 2-8 所示。

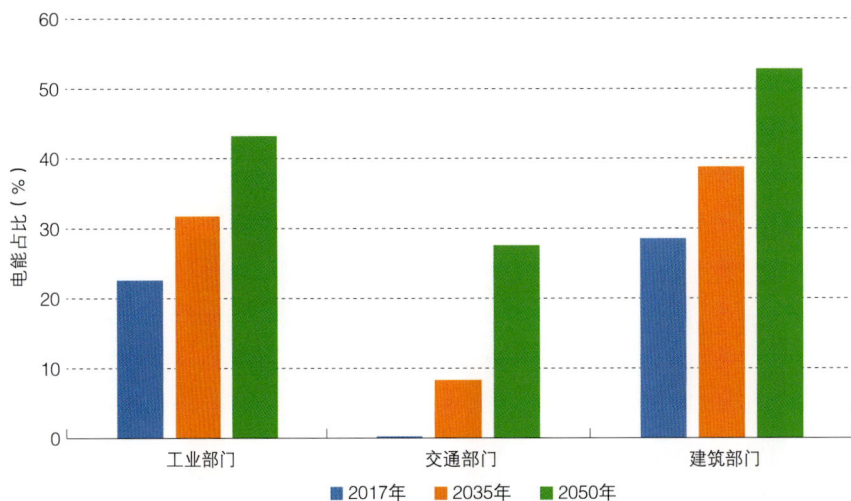

图 2-8　东南亚终端各部门电能占比预测

2.2　电力需求

东南亚电力需求总量稳步增长，2035 年和 2050 年电力需求分别约是 2017 年的 2.3 倍和 3.6 倍。东南亚用电量从 2017 年的 8763 亿千瓦时，增长至 2035 年约 2 万亿千瓦时和 2050

年约 3.2 万亿千瓦时。2017—2035 年东南亚用电量年均增长率约 4.6%，2035—2050 年用电量年均增长率约 3.1%。东南亚最大负荷从 2017 年的 1.4 亿千瓦，增长至 2035 年的 3.6 亿千瓦和 2050 年的 5.8 亿千瓦。2017—2035 年东南亚最大负荷年均增长率约 5.2%，2035—2050 年最大负荷年均增长率约 3.3%。东南亚次区域用电量和最大负荷增长趋势如图 2-9 所示。东南亚电力需求预测见表 2-1。

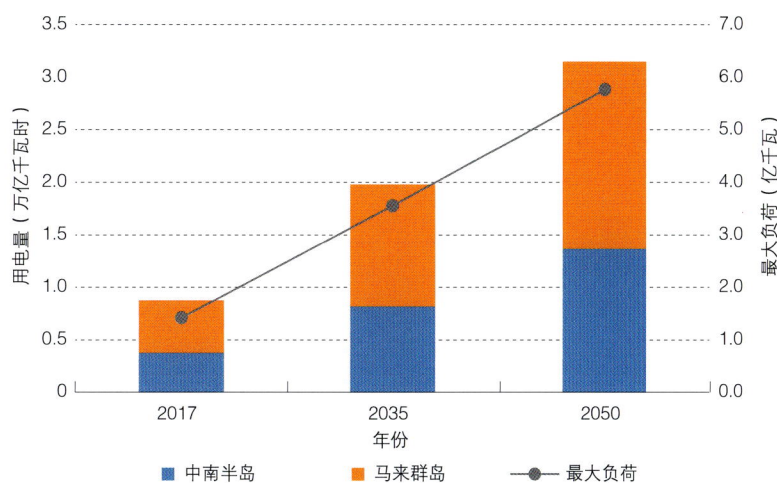

图 2-9 东南亚次区域用电量和最大负荷增长趋势

表 2-1 东南亚电力需求预测

区域及国家	用电量（亿千瓦时）			用电量增速（%）		最大负荷（万千瓦）			负荷增速（%）	
	2017 年	2035 年	2050 年	2017—2035 年	2035—2050 年	2017 年	2035 年	2050 年	2017—2035 年	2035—2050 年
东南亚	8763	19 811	31 517	4.6	3.1	14 207	35 542	57 700	5.2	3.3
中南半岛	3775	8188	13 671	4.4	3.5	6146	14 109	24 182	4.7	3.7
柬埔寨	69	262	684	7.7	6.6	92	454	1231	9.3	6.9
老挝	46	252	420	10.0	3.5	106	451	800	8.4	3.9
缅甸	175	980	1763	10.0	4.0	308	1745	3219	10.1	4.2
泰国	1885	3095	4882	2.8	3.1	2858	5226	8391	3.4	3.2
越南	1600	3599	5922	4.6	3.4	2783	6233	10 542	4.6	3.6
马来群岛	4988	11 623	17 846	4.8	2.9	8062	21 432	33 518	5.6	3.0
文莱	34	43	49	1.3	0.9	60	79	93	1.5	1.1
印度尼西亚	2210	7026	11 298	6.6	3.2	3504	13 522	21 682	7.8	3.2
菲律宾	817	1825	3044	4.6	3.5	1581	3361	5626	4.3	3.5
马来西亚	1436	1957	2529	1.7	1.7	2177	3213	4398	2.2	2.1
新加坡	487	747	866	2.4	1.0	719	1198	1611	2.9	2.0
东帝汶	4	25	59	10.7	5.9	20	59	108	6.2	4.1

人均用电水平显著提升。2017—2050 年东南亚年人均用电量从 1350 千瓦时增长至 3950 千瓦时，2050 年人均用电量是 2017 年的 2.9 倍；中南半岛年人均用电量增长相对较快，从 2017 年的 1568 千瓦时增长至 2050 年的 5000 千瓦时；马来群岛年人均用电量保持稳步增长，2050 年人均用电量达到约 3400 千瓦时。东南亚次区域年人均用电量增长趋势如图 2-10 所示。

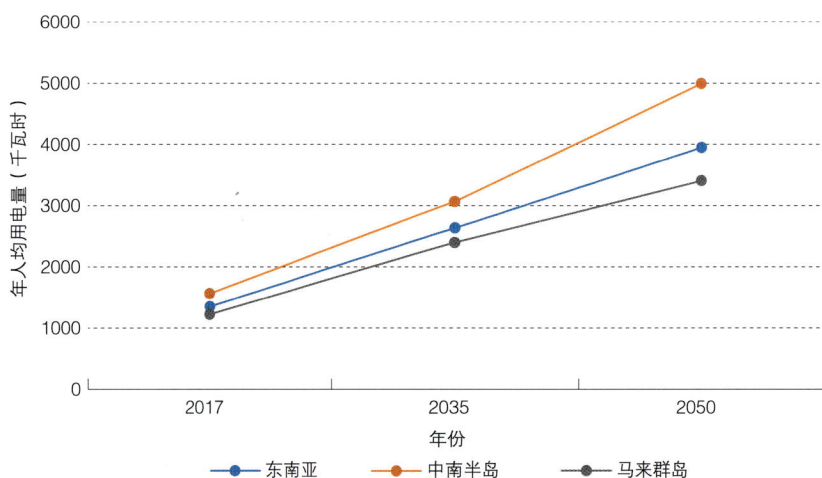

图 2-10　东南亚次区域年人均用电量预测

分国家来看，电力需求主要集中在泰国、越南、印度尼西亚、菲律宾和马来西亚。2050 年中南半岛和马来群岛用电量分别达到 1.4 万亿千瓦时和 1.8 万亿千瓦时，占东南亚用电量的比例分别为 43% 和 57%。中南半岛越南和泰国用电量将分别达到约 5900 亿千瓦时和 4900 亿千瓦时，占中南半岛总用电量的 42% 和 35%。马来群岛印度尼西亚、菲律宾、马来西亚用电量分别达到 1.13 万亿、3000 亿、2500 亿千瓦时，占马来群岛总用电量的 63%、17%、14%。东南亚各国用电量占比预测如图 2-11 所示。

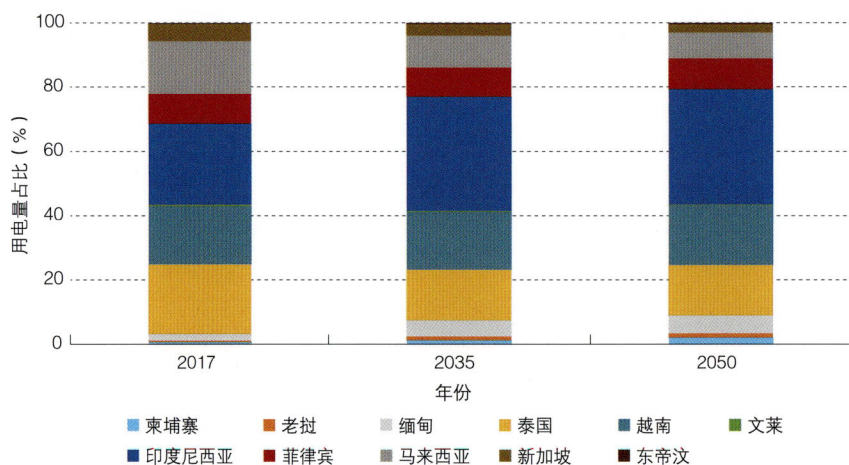

图 2-11　东南亚各国用电量占比预测

2030 年东南亚电力可及率达到 100%，全面实现人人享有电能的目标。以能源为切入点，随着清洁能源发电、输配电、智能配电网及微电网等技术的广泛应用，以清洁电力满足人民生产生活需要，可为东南亚贫困人口提供可靠电力供应，总体电力可及率达到 100%，全面解决无电人口通电问题❶。

加里曼丹矿产及加工业发展

矿产分布情况。 据印度尼西亚官方统计，加里曼丹煤炭资源储量达 686 亿吨，已探明储量为 194 亿吨，主要分布在南加里曼丹、东加里曼丹和中加里曼丹。加里曼丹铝土矿资源储量也较为丰富，约 20.7 亿吨，可探明储量约 8.8 亿吨，主要集中在西加里曼丹。此外，南加里曼丹拥有部分铁矿，但目前开发利用率较低。

铝矿产现状。 西加里曼丹是岛上铝土矿富集区，其矿床规模大，矿石品位较高，约为 45%～55%。印度尼西亚长期以铝土矿出口为主，但近年来逐渐转向矿产加工替代矿石出口政策。2014 年，印度尼西亚开始实施新矿业法规，正式禁止原矿出口，并要求采矿企业必须就地进行冶炼或精炼后方可出口。2015 年第一家氧化铝冶炼厂在西加里曼丹投产，2016 年氧化铝产量约为 60 万吨。西加里曼丹地区计划建设 10 余个氧化铝冶炼厂，总产量超过 1000 万吨，未来仍将不断增加。2016 年 12 月，印度尼西亚能源和矿产资源部发布《下游铝加工对西加里曼丹省区域经济的影响》报告，规划到 2025 年，南加里曼丹铝土矿产量为 3100 万吨，全部用于氧化铝和电解铝加工，产量分别达 1000 万吨和 500 万吨。同时，报告也指出，充足可靠的电力供应是加里曼丹铝土加工业面临的最大挑战。

钢铁产业发展情况。 印度尼西亚是全球第五大钢铁进口国。2017 年印度尼西亚钢铁消费 1340 万吨，其中进口钢铁 643 万吨，占当年钢铁消耗总量的 48%。为降低钢铁的进口依赖，根据印度尼西亚政府规划，到 2035 年，粗钢年产能将达到 5000 万吨，并预测到 2050 年，加里曼丹地区钢铁加工年产量将达到 3000 万吨，年产值达到 210 亿美元。

加里曼丹岛加速工业园区建设，推动矿产加工业发展。 目前加里曼丹岛内已建、在建工业园共 4 座，其中已经投产园区 1 座，在建大型工业园区 3 座。已投产的沙马拉组工业园区位于马来西

---

❶ "电力接入"的定义由东盟能源中心提供。同时，本报告中"消除无电状态"是指定期使用电力，且电力消费超过一定水平；其中农村家庭年最低用电量为 250 千瓦时，城市家庭年最低用电量为 500 千瓦时。

亚沙捞越民都鲁，占地70平方千米，于2017年投入使用，以能源密集型重工业为主，并开展铝冶炼、钢铁、炼油、硅基工业、海洋工程和各类工业、商业活动。在建3个工业区项目分别是西加里曼丹的道房工业区，占地10平方千米，专营氧化铝产业；南加里曼丹的巴都利金工业区，占地9.55平方千米，专营钢铁产业；南加里曼丹的悦朗工业区，占地面积63.7平方千米，专营铝土矿产业。根据印度尼西亚经济通道发展规划，加里曼丹经济通道将成为矿产、冶炼和港口一体化发展的矿业加工中心，形成以铝产业为核心的西加里曼丹经济带、以钢铁产业为中心的东加里曼丹经济带及以铝、钢铁产业协同发展的南加里曼丹经济带。印度尼西亚政府计划在加里曼丹以港口为中心，继续增建大型工业区，以鼓励企业在当地进行冶炼加工。印度尼西亚计划在北加里曼丹建设丹那吐宁工业区和塔纳工业区，并建设以氧化铝

和铝冶炼厂为主的产业集群区。

加里曼丹矿产及加工业发展亟须充足清洁电力保障。为保障铝钢加工业又好又快发展，需要为其提供稳定且清洁的电力保障。以沙马拉组工业园区为例，已投运大型耗电企业包括铝冶炼厂，电力需求超过120万千瓦；铁合金冶炼厂，电力需求为47万千瓦；多晶硅制造厂，电力需求为18万千瓦；硅锰和高碳锰铁厂，电力需求35万千瓦；综合磷酸盐复合物厂，电力需求15万千瓦等，预计工业园区总电力需求超过300万千瓦。加里曼丹煤炭资源丰富，但鉴于铝土加工会排放大量二氧化碳，平均生产1吨电解铝将直接和间接排放二氧化碳12.6吨。因此，从清洁发展角度考虑，应在岛内加速开发水电、风光等清洁电力能源，通过岛内联网实现为矿产加工业提供稳定电力供应的同时，达到平衡区域碳排放的效果。

2.3 电力供应

　　根据东南亚清洁能源资源禀赋和空间分布，结合各国能源电力发展规划，综合考虑能源电力需求发展趋势、源—网—荷协调、气候变化及环境治理等因素，按照能源电力绿色、低碳和可持续发展原则，统筹开发各类型电源，充分发挥多能互补效益。

　　基于不同的清洁能源开发程度，提出三种情景：**加速发展情景**，将充分发挥清洁能源潜力，实现清洁能源在电力供应中占比最大化，清洁能源发电量占比超过 60%；**渐进发展情景**，考虑清洁能源未来装机成本的不确定性，水电、风电、太阳能、潮汐能、核电和生物质能的发展在渐进发展情景下较为平稳，清洁能源在发电中占比为中等程度，清洁能源发电量占比超过 40%；**低速发展情景**，清洁能源在发电中占比最低且仍严重依赖于化石燃料，清洁能源发电量占比超

过 20%。

清洁能源占比越高，互联互通的需求越大。统筹东南亚各国间电力贸易现状及发展诉求，提出 2050 年，三种情景下跨境电力交易占比将分别达到 10%、7% 和 3% 的目标。

综合考虑清洁能源开发利用水平和跨境电力交易能力，后续分析以"加速发展情景"为基础开展。

2035 年，东南亚总装机容量 7.00 亿千瓦，清洁能源装机容量合计 4.70 亿千瓦，占比 67.14%；火电装机容量 2.30 亿千瓦，占比 32.86%。清洁能源装机中，水电（含抽水蓄能及潮汐能）装机容量 1.37 亿千瓦，占比 19.57%；太阳能装机容量 1.52 亿千瓦，占比 21.71%；风电装机容量 1.26 亿千瓦，占比 18.00%；地热能装机容量 0.13 亿千瓦，占比 1.86%；生物质能及其他装机容量 0.34 亿千瓦，占比 4.86%；核电装机容量 0.08 亿千瓦，占比 1.14%。2035 年东南亚电源装机容量见表 2-2，电源装机容量结构如图 2-12 所示。

表 2-2 2035 年东南亚电源装机容量

单位：亿千瓦

年份	装机容量							
	总装机容量	火电	水电	太阳能	风电	地热能	核电	生物质能及其他
2035	7.00	2.30	1.37	1.52	1.26	0.13	0.08	0.34

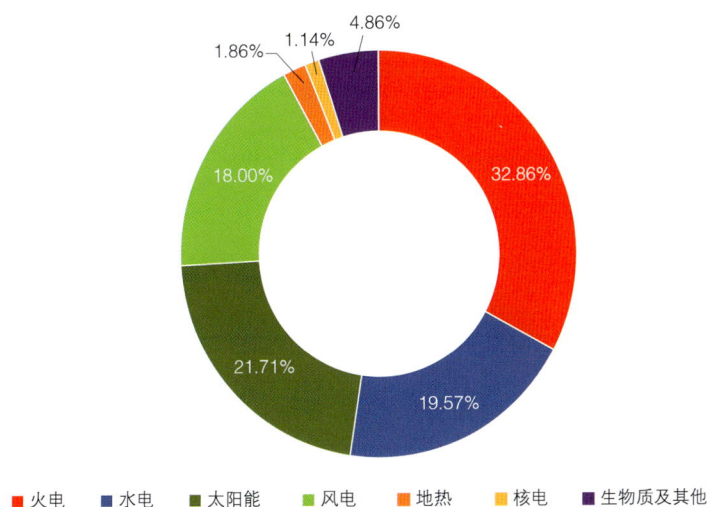

图 2-12 2035 年东南亚电源装机容量结构

2035 年，东南亚清洁能源发电总量将达到 1.1 万亿千瓦时，占总发电量的 55%。2035 年东南亚清洁能源发电量构成如图 2-13 所示。

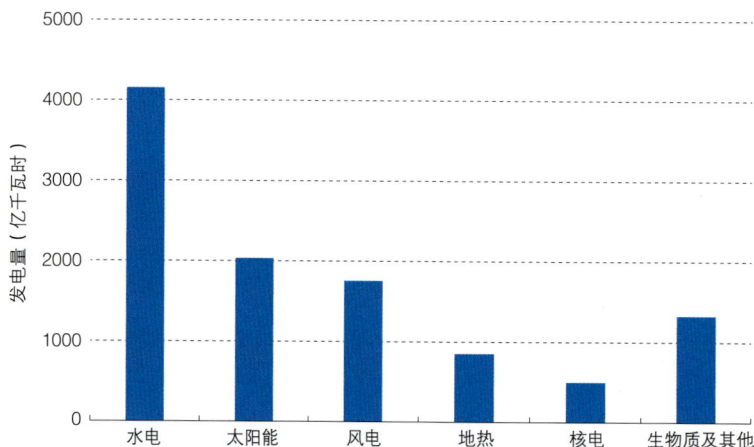

图 2-13　2035 年东南亚清洁能源发电量构成

2050 年，东南亚装机容量 11.86 亿千瓦，清洁能源装机容量合计 8.58 亿千瓦，占比 72.34%；火电装机容量 3.28 亿千瓦，占比 27.66%。清洁能源中，水电（含抽水蓄能及潮汐能）装机容量 2.43 亿千瓦，占比 20.49%，其中河流水电装机容量 1.71 亿千瓦；太阳能发电装机容量 2.86 亿千瓦，占比 24.11%；风电装机容量 2.38 亿千瓦，占比 20.07%；地热能装机容量 0.22 亿千瓦，占比 1.85%；生物质能及其他装机容量 0.55 亿千瓦，占比 4.64%；核电装机容量 0.14 亿千瓦，占比 1.18%。2050 年东南亚电源装机容量见表 2-3，电源装机容量结构如图 2-14 所示。

表 2-3　2050 年东南亚电源装机容量

单位：亿千瓦

年份	装机容量							
	总装机容量	火电	水电	太阳能	风电	地热能	核电	生物质能及其他
2050	11.86	3.28	2.43	2.86	2.38	0.22	0.14	0.55

2050 年，东南亚清洁能源发电总量将达到 1.9 万亿千瓦时，占总发电量的 62%。2050 年东南亚清洁能源发电量构成如图 2-15 所示。

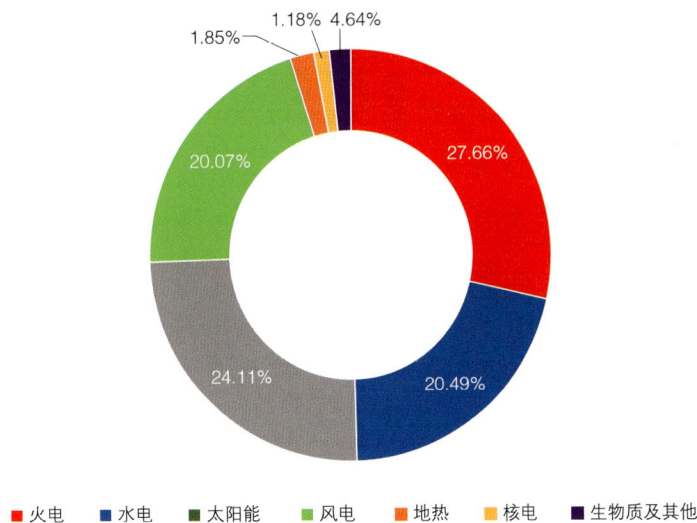

图 2-14　2050 年东南亚电源装机容量结构

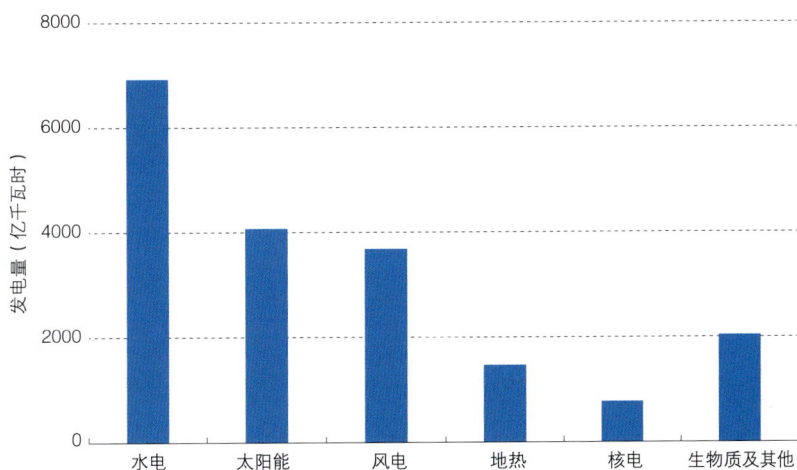

图 2-15　2050 年东南亚清洁能源发电量构成

专栏

东南亚清洁能源度电成本发展趋势

伴随全球清洁能源发电技术不断进步，成本不断降低，预计 2025 年东南亚光伏和陆上风能竞争力将开始全面超过化石能源。

光伏发电技术方面：2018 年，单晶硅、多晶硅晶片技术在实验室条件下的电池效率已分别达 26.7%、22.3%。2006—2018 年，光伏发电技术平均转换效率从约 12%提升至 17%（超单晶效率提升 21%）❶。世界范围看，阿联酋（2019年）、智利（2021 年）投产的光伏项目中标价格已分别低至 2.4、2.9 美分/千瓦时。

---

❶ 数据来源：弗劳恩霍夫太阳能系统研究所，太阳能光伏报告，2019。

在德国，27 个中标光伏项目总装机容量 16.3 万千瓦，最低中标价格低至 6.26 欧分/千瓦时。在美国，1998—2011 年间，住宅和商业光伏系统成本价格平均每年下降 5%～7%；2010—2011 年间，该价格降低 11%～14%。风力发电技术方面：2010—2017 年间，陆上风电价格从 7.9 美分/千瓦时下降到 4.6 美分/千瓦时，下降了 36%。新型低风速风机在年平均风速 5 米/秒情况下，年等效利用小时数可达到 2000 小时以上；年平均风速超过 6 米/秒情况下，年等效利用小时数可达到 3000 小时以上。

2017 年，东南亚光伏发电的平准化度电成本为 0.16 美元/千瓦时，风电为 0.14 美元/千瓦时，水电为 0.05 美元/千

瓦时。当前风电、光伏发电度电成本仍高于各国平均发电成本。综合分析成本构成，光伏发电初始投资中设备成本占比最高，达到 60%～70%。其次，对于小型光伏电站安装成本排第二位，约占 12%；对于大型光伏电站人工成本排第二位，约占 5%～20%。风电初始投资中，设备成本占比达 70%，运输与用地成本排第二位，约占 5%～20%。光伏发电和风电运维成本都约为初始投资的 1%。未来需在降低设备进口税费、培育本地生产及组装产业等方面推出更多促进机制与政策。预计 2025 年东南亚清洁能源竞争力将开始全面超过化石能源。2020—2026 年东南亚光伏、风电（陆上）及化石燃料发电平准化度电成本变化趋势如图 1 所示。

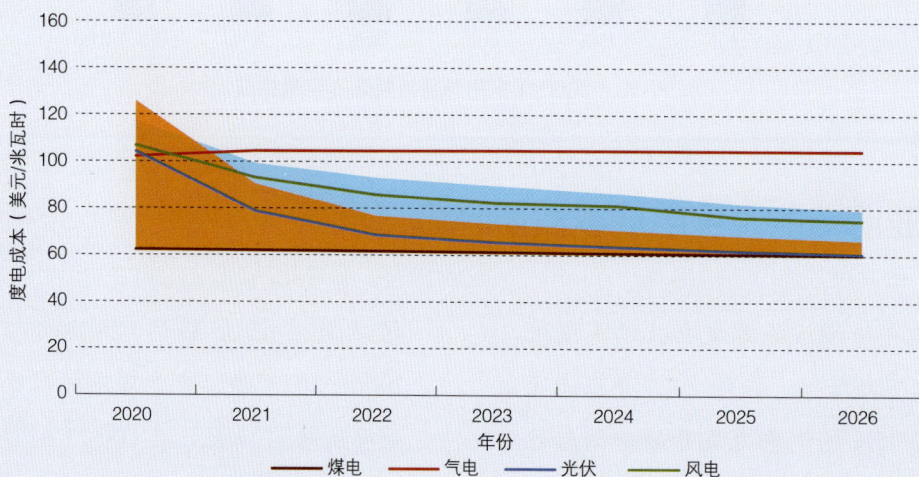

图 1   2020—2026 年东南亚光伏、风电（陆上）及化石燃料发电平准化度电成本变化趋势

3

清洁能源资源开发布局

　　东南亚清洁能源资源丰富、分布不均，开发利用程度相对较低。需要因地制宜推动清洁能源集中式和分布式协同开发，实现清洁能源的大规模开发和高效利用。综合风、光、降水等气候数据及地理信息、地物覆盖等数据，参考借鉴相关国家和国际组织、机构等发布的研究成果，对东南亚清洁能源资源及大型基地布局进行研判。

3.1　清洁能源资源分布

　　东南亚清洁能源资源多样，水能、地热、太阳能等资源丰富，但分布不均。东南亚各国清洁能源情况见表3-1。东南亚清洁能源资源丰富地区大都远离负荷中心，需要就地转化为电能、远距离输电，扩大配置范围，将间歇性的风电、太阳能发电融入互联互通的大电网，实现充分开发和高效利用。

表 3-1　东南亚各国清洁能源情况❶

国家	生物质能（万千瓦）	地热能（万千瓦）	水能（亿千瓦）	太阳能（万亿千瓦时/年）	潮汐能（万千瓦）	陆上风能（亿千瓦时/年）
柬埔寨	—	—	0.10	341	—	11 973
老挝	120	5	0.26	380	—	15 723
缅甸	—	—	0.40	1151	—	25 380
泰国	250		0.15	931	—	35 626
越南	56	34	0.35	507	20	32 811
文莱	—	—	0	10	0.033 5	108
印度尼西亚	3260	2890	0.75	3191	4900	44 812
菲律宾	24	400	0.11	506	17 000	28 165
马来西亚	60	—	0.29	567	—	5821
新加坡	—	—	0	1	—	25
东帝汶	—	—	0.001 8	29	—	644

---

❶ 生物质能、地热能、水能、潮汐能相关数据来源：东盟能源中心，ASEAN Power Cooperation Report，2017. 太阳能和陆上风能理论蕴藏量相关数据来源：全球清洁能源开发评估平台。

3.1.1 水能资源

东南亚水能资源储量丰富，主要分布在中南半岛的伊洛瓦底江、萨尔温江、湄公河流域，以及马来群岛的加里曼丹岛；受气候条件影响，水量丰枯季节差异明显，其总技术可开发量达到1亿千瓦以上。中南半岛水系示意如图3-1所示。

图 3-1 中南半岛水系示意图

伊洛瓦底江

缅甸第一大河，河源有东西两支，东支恩梅开江发源于中国西藏（中国称独龙江），西支迈立开江发源于缅甸北部山区，全长 2714 千米，流域面积达 40 多万平方千米。伊洛瓦底江水能资源十分丰富，尤其是北部高山峡谷，水位落差大，其主要支流钦敦江也蕴藏着丰富的水能资源。受 6—9 月季风影响，以及夏季冰川急遽融化，伊洛瓦底江整体上丰水期出现在 5—10月，最高水位出现在 8 月，最低水位在 2 月。伊洛瓦底江年平均流量为 1.3 万立方米/秒。受其支流的流量变化影响，伊洛瓦底江实测最大流量为 6.4 万立方米/秒，最小流量为 1306 立方米/秒。伊洛瓦底江多年平均径流量为 4860 亿立方米，其中缅甸境内 4550 亿立方米，约占缅甸全国河川径流量的 40%。

萨尔温江

中国称怒江，发源于中国西藏，经中国云南流入缅甸，注入马达班海湾，东南亚境内全长 1660千米，流域面积 20.5 万平方千米。萨尔温江流量受热带季风气候影响，年内变化大。每年6—10 月为雨季，河水暴涨，雨季、旱季水位差 15～30 米。河口处年均流量 8000 立方米/秒，全河水力资源丰富。

湄公河

东南亚第一大河，干流河谷较宽，多弯道，长度 2749.1 千米。湄公河南阿河河口至南腊河河口 31 千米，为中国与缅甸界河；在老挝境内干流长 777.4 千米，老挝与缅甸界河长 234 千米，老挝和泰国界河长 976.3 千米；在柬埔寨境内长 501.7 千米；越南境内的湄公河三角洲长 229.8 千米。湄公河流域面积 79.48 万平方千米，位于亚洲热带季风区的中心，5～10 月为雨季，年降雨量的 88% 左右集中于此时；11 月—次年 4 月为旱季。流域正常年降雨量从泰国东北部不到 1000 毫米递增到老挝南部、柬埔寨和越南山区边缘的 4000 毫米以上，在柬埔寨平均为 2000 毫米。湄公河流域的径流来自降雨，年际水量变化不大，年平均流量 2180 立方米/秒。湄公河水量最低点通常在 4 月份，上游最高水位可以早在 8 月或 9 月达到，南部河段通常迟至 10 月才达到最高水位。

加里曼丹岛

属于热带雨林气候，炎热、潮湿、雨量丰沛。全年明显分为两季，10 月—次年 3 月为降雨较多的季风季，其余为较干燥的夏季，年平均降雨量约 3800 毫米。岛上山脉从中央向四周伸展，东北部有京那巴鲁山，海拔 4095 米。中间高、四周低的地形造就了多条分头入海的大河，其中发源于岛中部并向西汇入中国南海的卡普阿斯河为岛上最长河流，全长 1143 千米，河口年均流量 6000～7000 立方米/秒。充沛的降雨及有利的地势使得加里曼丹岛蕴藏丰富的水能资源，水电技术可开发量约 4400 万千瓦。

3.1.2 风能资源

东南亚风能资源较好，分布广，理论蕴藏量约 20 万亿千瓦时/年，距地面 100 米高度全年平均风速范围约 2~8 米/秒[1]。

越南中部和东南部部分地区、老挝东南部部分地区及菲律宾中部地区全年平均风速大于 7 米/秒。其中，越南中部和东南部部分地区、老挝东南部部分地区地处平原地带，受北部湾海风影响，风能资源较好，风速较高，部分地区年平均风速可达 8 米/秒；受太平洋海风影响，菲律宾中部地区风速较高，部分地区年平均风速可达 8 米/秒。

缅甸北部、马来西亚和印度尼西亚大部分地区全年平均风速小于 5 米/秒。此地区植被覆盖率高，风速较低。

东南亚年平均风速分布示意如图 3-2 所示。

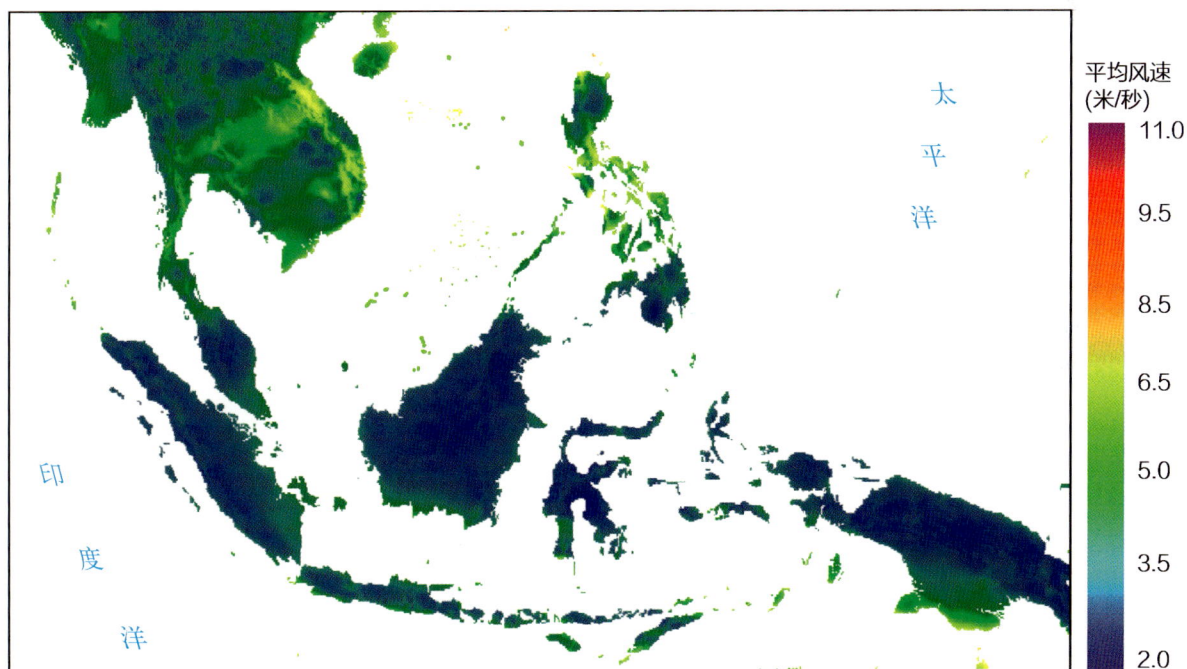

图 3-2　东南亚年平均风速分布示意图

---

[1] 数据来源：沃泰克斯（VORTEX）风能资源信息数据库。

3.1.3 太阳能资源

东南亚太阳能资源丰富，太阳能光伏理论蕴藏量约 7614 万亿千瓦时/年，太阳能年总水平面辐射量范围约 1000～2100 千瓦时/平方米❶。印度尼西亚南部部分地区及越南东南部沿海地区太阳能年总水平面辐射量大于 2000 千瓦时/平方米。其中，印度尼西亚南部地区属热带雨林气候，光照好，太阳能总水平面辐照量高；越南东南部地处热带，气候温和，太阳能总水平面辐照量高。越南北部地区太阳能年总水平面辐射量较低。该地区受亚热带季风湿润气候影响，降水量较为丰富，太阳能年总水平面辐射量较低。东南亚太阳能年总水平面辐射量分布示意如图 3-3 所示。

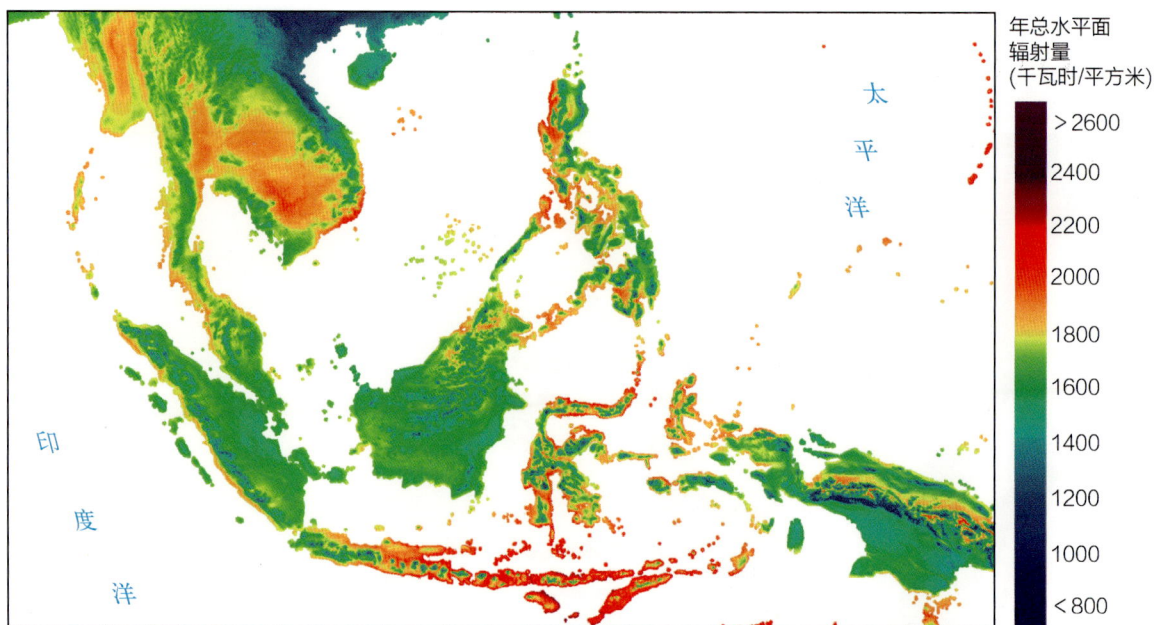

图 3-3　东南亚太阳能年总水平面辐射量分布示意图

东南亚光热理论蕴藏量约 5063 万亿千瓦时/年。东南亚太阳能年法向直接辐射范围约 400～2000 千瓦时/平方米。印度尼西亚南部部分地区太阳能年总法向直射辐射量不低于 2000 千瓦时/平方米。该地区属热带雨林气候，气温高，太阳能直射辐照度高。越南北部、印度尼西亚北部和东部地区太阳能年总法向直射辐射量低于 1000 千瓦时/平方米。其中，越南北部部分地区受亚热带季风湿润气候影响，降水量较为丰富，太阳能年法向直接辐射低；印度尼西亚北部和东部地区植被覆盖率较高，太阳能年总法向直射辐射量低。东南亚太阳能年总法向直射辐射量分

---

❶ 数据来源：索勒吉斯（SOLARGIS）太阳能资源信息数据库。

布示意如图 3-4 所示。

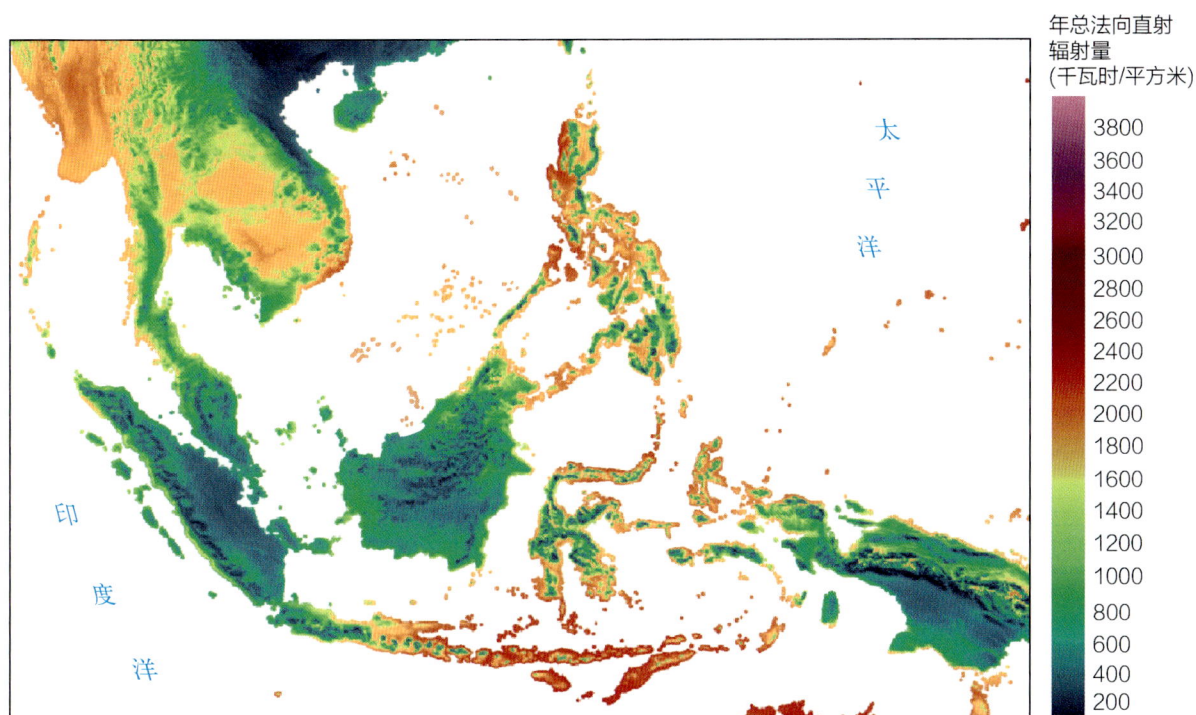

年总法向直射
辐射量
(千瓦时/平方米)

图 3-4　东南亚太阳能年总法向直射辐射量分布示意图

3.1.4　其他能源资源

东南亚属于环太平洋地热带的一部分，地热资源丰富，主要分布在印度尼西亚和菲律宾。印度尼西亚是全世界地热资源蕴藏量最丰富的国家。从绝对储量角度，印度尼西亚的地热资源占全球的 40%，已探明的发电潜力约 2890 万千瓦❶，其中苏门答腊岛约 1400 万千瓦，爪哇岛和巴厘岛 900 万千瓦，苏拉威西岛 200 万千瓦。2016 年，印度尼西亚地热发电开发比例约 5%，未来可开发空间巨大。菲律宾地热能技术可开发量约 1200 万千瓦。2017 年，菲律宾地热发电装机容量 192 万千瓦，开发比例约为 16%。

❶ 数据来源：东盟能源中心、水电水利规划设计总院，东盟电力合作报告，2017。

3.2 清洁能源基地布局

3.2.1 水电基地

东南亚水电基地主要分布在中南半岛的缅甸北部和东南部、老挝北部及加里曼丹岛。2050年，四个水电基地装机容量约 8200 万千瓦。东南亚水电基地布局示意如图 3-5 所示，各基地装机容量见表 3-2。

图 3-5　东南亚水电基地布局示意图

表 3-2　东南亚水电基地技术可开发量及装机容量

基地选址	技术可开发量 （万千瓦）	开发比例 （%）	2035 年装机容量 （万千瓦）	2050 年装机容量 （万千瓦）
缅甸北部	2000	1	500	1700
缅甸东南部	1400	3	1100	1300
老挝北部	1400	24	1100	1300
加里曼丹岛	4400	8	3000	3900

3.2.2 风电基地

东南亚陆上风电以分布式开发为主，海上风电以大型风电基地集中开发为主。海上风电基地分布在越南、菲律宾等国家的沿海地区。东南亚共规划 7 个典型风电基地，总技术可开发量约 6900 万千瓦。东南亚各基地布局示意如图 3-6 所示，各基地装机容量见表 3-3。

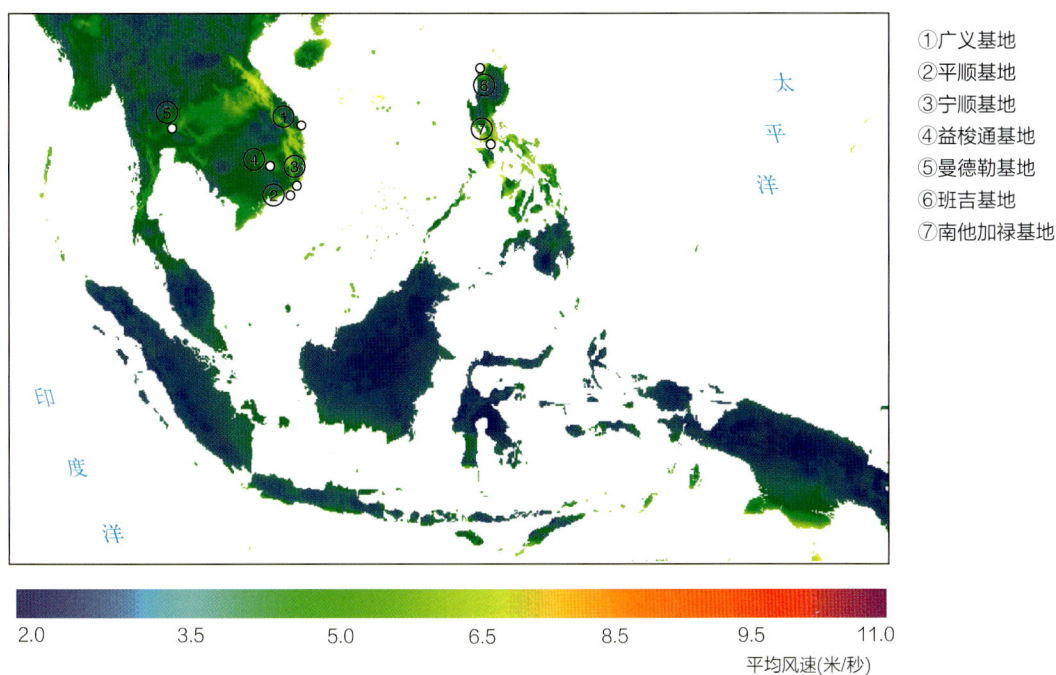

①广义基地
②平顺基地
③宁顺基地
④益梭通基地
⑤曼德勒基地
⑥班吉基地
⑦南他加禄基地

图 3-6 东南亚风电基地布局示意图

表 3-3 东南亚风电基地技术可开发量及装机容量

单位：万千瓦

基地选址	所属国家	技术可开发量	2035 年装机容量	2050 年装机容量
广义	越南	1000	500	800
平顺	越南	1800	500	1500
宁顺	越南	700	500	600
益梭通	泰国	600	400	500
曼德勒	缅甸	550	100	500
班吉	菲律宾	850	450	800
南他加禄	菲律宾	1400	350	1150
合计		6900	2800	5850

3.2.3 太阳能基地

东南亚大型太阳能基地主要分布在泰国、柬埔寨、缅甸、印度尼西亚加里曼丹岛。东南亚水域面积广大，适合开展水光、渔光互补类型太阳能基地建设，共规划 4 个典型太阳能基地，总技术可开发量约 825 万千瓦。东南亚太阳能基地布局示意如图 3-7 所示，各基地装机容量见表 3-4。

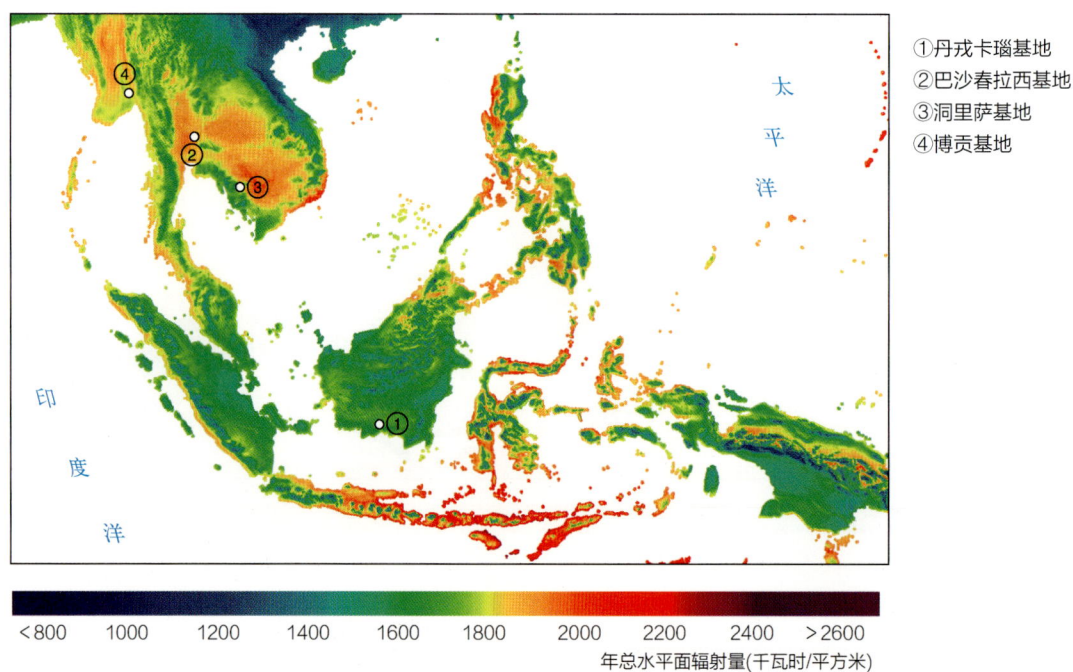

①丹戎卡瑙基地
②巴沙春拉西基地
③洞里萨基地
④博贡基地

图 3-7 东南亚典型太阳能基地布局示意图

表 3-4 东南亚典型太阳能基地及装机容量

单位：万千瓦

基地选址	所属国家	技术可开发量	2035 年装机容量	2050 年装机容量
丹戎卡瑙	印度尼西亚	175	70	150
巴沙春拉西	泰国	50	30	40
洞里萨	柬埔寨	100	50	90
博贡	缅甸	500	300	450
合计		825	450	730

Chapter 4

电网互联

根据东南亚清洁能源资源禀赋和空间分布，参考各国能源电力发展规划，统筹清洁能源与电网发展，加快各国电网升级；依托特高压交直流等先进输电技术，按照双边、多边、次区域、区域分阶段推进区域电网建设，形成覆盖清洁能源基地和负荷中心的坚强网架，全面提升电网的资源配置能力，支撑清洁能源大规模、远距离输送及大范围消纳和互补互济，保障电力可靠供应，带动能源向清洁、绿色、低碳转型，保障经济社会可持续发展。

4.1 电力流

统筹考虑电源发展、电力需求分布和清洁能源开发布局，通过电力电量平衡分析，东南亚中南半岛电力流呈现"北电南送"、马来群岛电力流呈现"中心辐射外送"格局。泰国、越南是中南半岛电力受入国家，接受中南半岛北部水电，形成"北电南送"格局。加里曼丹岛能源资源丰富，处于马来群岛中心，宜与周边岛屿形成优势互补，加大向周边的电力外送。东南亚将成为亚洲重要的区域电力交换枢纽。向北，中南半岛与中国电力互济，丰水期水电送中国，枯水期接受中国清洁电力；向西，中南半岛向印度、孟加拉国送出电力；向南，马来群岛受入澳大利亚太阳能电力。

4.1.1 各次区域供需平衡

2035 年，东南亚基本实现自平衡，中南半岛内部具有较大的电力交换潜力，马来群岛基本实现自平衡。

● **中南半岛：**老挝、缅甸是电力输出国，泰国、越南是主要电力受入国。丰水期，老挝电力盈余 1250 万千瓦，缅甸电力盈余 300 万千瓦。泰国可受入电力 1140 万千瓦，越南可受入电力约 700 万千瓦。

● **马来群岛：**印度尼西亚电力盈余 200 万千瓦，菲律宾存在 300 万千瓦电力缺额，新加坡电力缺额 200 万千瓦，马来西亚电力基本平衡。

2050 年，东南亚由于中南半岛水电出力季节性特点，电力平衡处于"丰余枯缺"状态，需要在更大范围内进行电力平衡。

● **中南半岛：**枯水期电力短缺，丰水期电力盈余。中南半岛水能资源得到了充分开发，需要在更大范围内进行平衡。枯水期电力缺额约 1200 万千瓦，丰水期电力盈余 2550 万千瓦。枯水期，泰国、越南、柬埔寨电力缺额最大分别达 2000 万、2700 万、400 万千瓦。丰水期，缅甸、老挝电力盈余约 3900 万、2750 万千瓦。

● **马来群岛：**电力受入能力扩大至 400 万千瓦。印度尼西亚电力盈余 600 万千瓦，马来西亚东部电力盈余约 300 万千瓦。菲律宾、马来西亚西部和新加坡电力缺额分别为 600 万、300 万千瓦和 300 万千瓦。

4.1.2 电力流方案

电力流分析按照最大限度地利用清洁能源的原则，考虑主要因素包括：老挝、泰国、越南签署了利益共享协议，计划在 2035 年前实现老挝向泰国最大输送 900 万千瓦，向越南最大输送 500 万千瓦；印度尼西亚与马来西亚在苏门答腊岛及马六甲州之间具有互联意愿；越南、老挝、缅甸与中国直接接壤，并具有受电意向；中国西南具有电力外送能力；孟加拉国电力需求增长较快，但国内能源资源相对匮乏，电力供应不能满足需求，从境外电力进口需求迫切。

1 2035 年电力流方案

中南半岛，枯水期净受入中国云南电力 800 万千瓦；丰水期净受入中国云南电力 350 万千瓦。

丰、枯水期电力流分国家看。**枯水期：**缅甸净受入电力 50 万千瓦，接受中国电力 200 万千瓦，送泰国电力 150 万千瓦。老挝净送出电力 850 万千瓦，接受中国电力 100 万千瓦，分别送泰国和越南电力 600 万千瓦和 350 万千瓦。泰国净受入电力 750 万千瓦，分别接受缅甸、老挝、马来西亚电力 150 万、600 万、50 万千瓦，向柬埔寨送出电力 50 万千瓦。越南净受入电力 850 万千瓦，分别接受中国和老挝电力 500 万千瓦和 350 万千瓦。**丰水期：**缅甸净送出电力 300 万千瓦，受入中国电力 400 万千瓦，转送孟加拉国电力 300 万千瓦，外送泰国电力 400 万千瓦。老挝净送出电力 1250 万千瓦，接受中国电力 50 万千瓦，分别送泰国和越南电力 800 万千瓦和 500 万千瓦。泰国净受入电力 1140 万千瓦，分别接受缅甸和老挝电力 400 万千瓦和 800 万千瓦，接受柬埔寨电力 40 万千瓦，向马来西亚送出电力 100 万千瓦。越南净受入电力 700 万千瓦，分别接受中国和老挝电力 200 万千瓦和 500 万千瓦。

马来群岛，丰水期接受中南半岛电力 100 万千瓦，枯水期向中南半岛送电 50 万千瓦。分国家看，菲律宾接受马来西亚东部电力 300 万千瓦。马来西亚东部沙巴接受印度尼西亚加里曼丹岛电力 200 万千瓦，送菲律宾电力 300 万千瓦，国内东部向西部送电 300 万千瓦，送新加坡电力 200 万千瓦；丰水期接受泰国电力 100 万千瓦，枯水期送泰国电力 50 万千瓦。印度尼西亚净送出电力 200 万千瓦，送马来西亚东部电力 200 万千瓦，国内爪哇岛接受苏门答腊岛电力 700 万千瓦，接受加里曼丹岛电力 300 万千瓦。

2035 年东南亚枯水期电力流示意如图 4-1 所示。

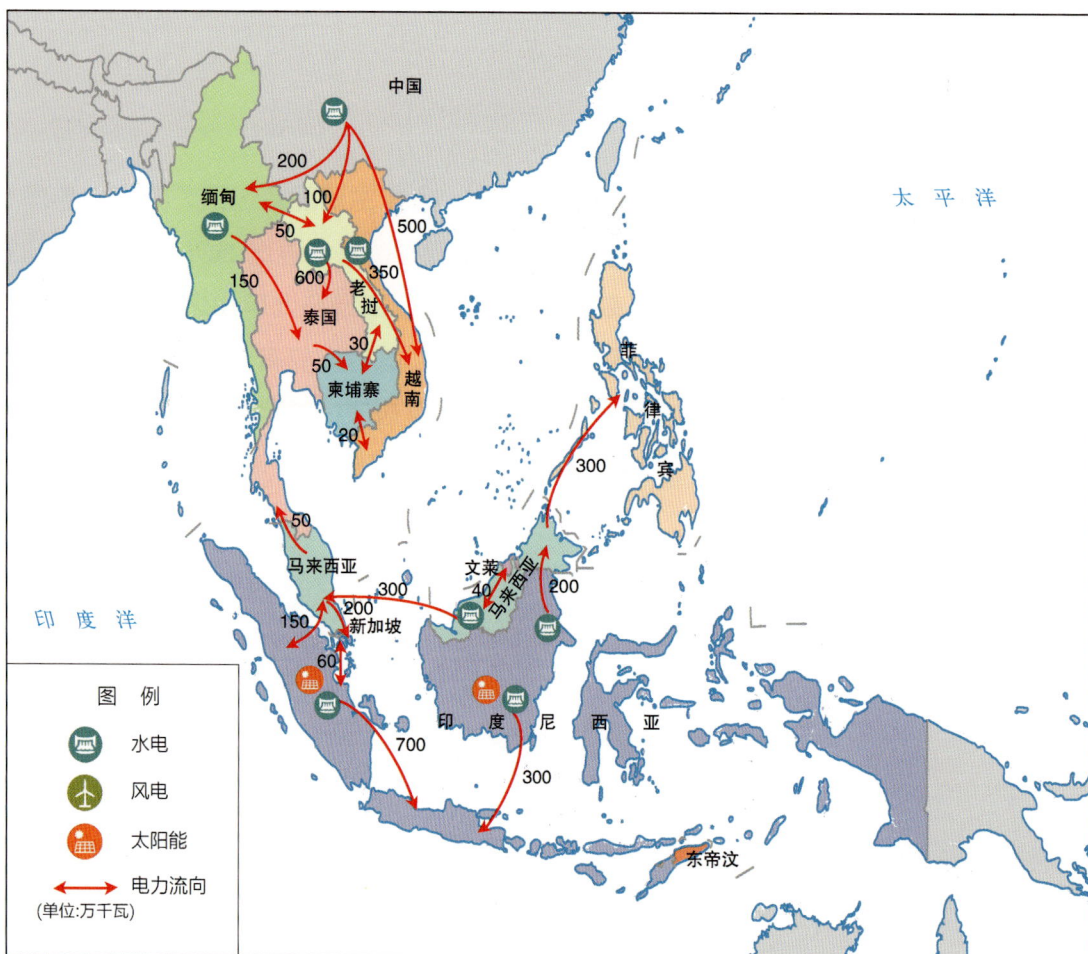

图 4-1 2035 年东南亚枯水期电力流示意图

2 2050 年电力流方案

中南半岛，枯水期净受入中国电力 2300 万千瓦，转送孟加拉国电力 300 万千瓦，向印度送电 800 万千瓦，向马来群岛送电 300 万千瓦；丰水期维持外送孟加拉国和印度 1100 万千瓦的电力，向马来群岛送电增至 400 万千瓦，其余盈余电力 1050 万千瓦外送中国。与中国形成丰枯互济。半岛内电力流整体仍呈现"北电南送"格局。

丰、枯水期电力流分国家看。**枯水期：**缅甸净送出电力 2100 万千瓦，净受入中国电力 300 万千瓦，送印度、老挝和泰国电力分别 800 万、200 万千瓦和 1400 万千瓦。老挝净送出电力 1800 万千瓦，接受缅甸和中国电力 200 万千瓦和 1000 万千瓦，分别送泰国、越南和柬埔寨电力 1600 万、1100 万千瓦和 300 万千瓦。泰国净受电 2000 万千瓦，接受老挝和缅甸电力分别为 1600 万千瓦和 1400 万千瓦，转送马来西亚（西部）300 万千瓦，通过柬埔寨转送越南 600 万千瓦，送柬埔寨 100 万千瓦。越南净受入电力 2700 万千瓦，接受中国和老挝电力 1000 万千瓦和 1100 万千瓦，接受柬埔寨转送泰国电力 600 万千瓦。柬埔寨净受入电力 400 万千瓦，接受泰国和老挝电力 700 万千瓦和 300 万千瓦，转送越南电力 600 万千瓦。**丰水期：**缅甸净送出电力 3900 万千瓦，外送中国电力 400 万千瓦，分别送印度、孟加拉国、老挝和泰国电力 800 万、300 万、800 万千瓦和 1600 万千瓦。老挝净送出电力 2750 万千瓦，接受缅甸电力 800 万千瓦，分别送中国、泰国和越南电力 450 万、1600 万千瓦和 1500 万千瓦。泰国净受入电力 2600 万千瓦，接受老挝和缅甸电力均为 1600 万千瓦，转送马来西亚（西部）400 万千瓦，送柬埔寨 100 万千瓦，通过柬埔寨转送越南 100 万千瓦。越南净受入电力 1400 万千瓦。接受老挝电力 1500 万千瓦，接受柬埔寨转送泰国电力 100 万千瓦，外送中国 200 万千瓦。柬埔寨净受入电力 100 万千瓦，接受泰国电力 200 万千瓦，转送越南 100 万千瓦。

马来群岛，从中南半岛丰水期受入电力 400 万千瓦，枯水期受入电力 300 万千瓦；从澳大利亚受入电力 800 万千瓦。分国家看，马来西亚西部丰水期接受泰国电力 400 万千瓦、枯水期接受电力 300 万千瓦电力，东部接受来自印度尼西亚加里曼丹岛电力 300 万千瓦；送菲律宾、文莱、新加坡电力分别为 300 万、40 万千瓦和 300 万千瓦；国内东部向西部送 300 万千瓦。菲律宾受入电力增至 600 万千瓦，分别来自马来西亚东部和印度尼西亚加里曼丹岛各 300 万千瓦。印度尼西亚净受入 200 万千瓦电力，受入澳大利亚电力 800 万千瓦，送马来西亚东部和菲律宾均为 300 万千瓦；国内爪哇岛接受苏门答腊岛、加里曼丹岛电力分别为 1500 万千瓦和 600 万千瓦。新加坡接受印度尼西亚加里曼丹岛电力 300 万千瓦。文莱接受马来西亚电力 40 万千瓦。

2050 年东南亚枯水期电力流示意如图 4-2 所示。

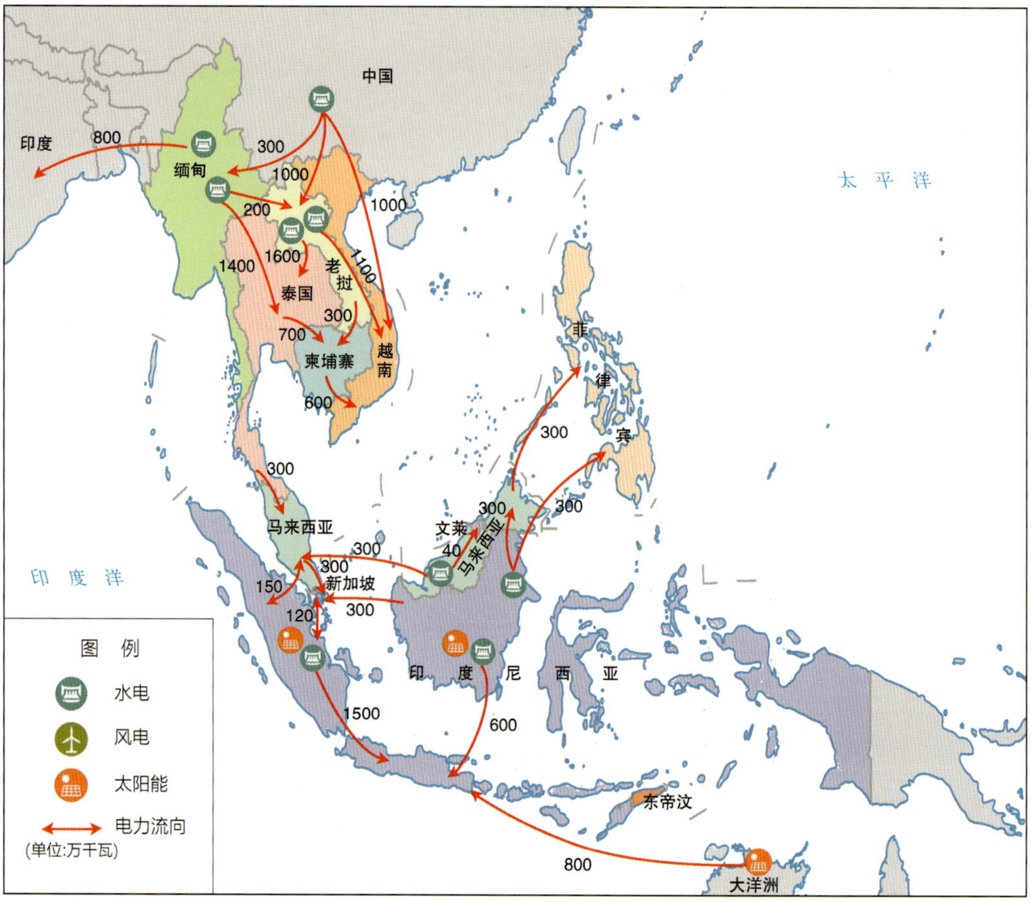

图 4-2　2050 年东南亚枯水期电力流示意图

4.2　电网互联方案

4.2.1　总体格局

东南亚电网发展按照双边、多边、次区域、区域分阶段构建东南亚电网，通过多方向跨区跨国输电通道建设，成为连接东亚、南亚和澳大利亚电网的枢纽，为实现东南亚电力市场和能源共同体提供基础支撑。

中南半岛，构建覆盖各国的同步电网，连接各大型清洁能源基地和负荷中心。2035 年，推进各国电网升级改造，初步形成覆盖缅甸、老挝、越南和泰国的 500 千伏同步电网；2050 年，在形成覆盖中南半岛的 500 千伏同步电网基础上，升级建设特高压电网。

马来群岛，形成包含三个同步电网的联合电网。2035 年，形成马来西亚西部—新加坡—印度尼西亚苏门答腊岛—印度尼西亚爪哇岛，马来西亚（东部）—文莱—印度尼西亚加里曼丹岛，菲律宾三个同步电网，三个电网间通过直流互联；2050年，各国建成500/400千伏主网架，印度尼西亚苏门答腊岛、爪哇岛升级建成1000千伏特高压网架。三个同步电网仍维持异步互联格局，同步电网间互联通道进一步加强。

与周边国家，加强跨区电网异步互联建设。提高资源优化配置能力，形成"丰枯调节、多能互补"的电力交换平台。2035年，向北与中国、向西与孟加拉国采用直流互联，提升跨区联网送受电能力。2050年，建设多条特高压直流工程，与中国形成更大规模、更加坚强的异步联网格局，扩大水电消纳市场，提高电网稳定水平，与中国西南水电和北方电力丰枯互补、余缺互济；并加强与南亚电网异步互联，将缅甸北部和中国云南电力送往孟加拉国、印度。建设海底直流工程，与澳大利亚互联，受入澳大利亚北部太阳能电力。

专栏

东南亚电网现状

截至2017年年底，由东南亚十个国家电网组成的"东盟电网"实现了内部初步电网互联，但"东盟电网"电压等级较低，容量较小。同时，东南亚各国基础设施建设差异显著。

中南半岛：越南、泰国已形成500千伏全国联网，缅甸、柬埔寨和老挝等国家电力设施发展相对滞后。缅甸的水电资源主要分布在东北部，负荷中心在中南部的曼德勒、内比都、仰光等城市；缅甸北电南送通道输送能力有限，北部电力富余，中南部电力供应紧张，拉闸限电现象普遍，规划中的第一回500千伏线路仍在建设中。老挝电网最高电压等级为500千伏，均为至泰国的水电外送线路，电网主网架230千伏，分为多个局部电网，没有形成全国联网。柬埔寨电网最高电压等级为230千伏，连接北部水电基地和南部负荷中心，电力供应主要限于大城市和主要省城。

马来群岛：马来西亚电网较为发达，围绕马来西亚西部沿海负荷中心形成275千伏环网，马来西亚东部沙捞越州配套水电站，形成较为完善输电网。菲律宾受地理条件限制，电网主要分为三部分：吕宋岛电网、米沙鄢岛电网和棉兰老岛电网，其中吕宋岛是负荷中心，围绕首都马尼拉负荷中心形成230千伏环网。印度尼西亚爪哇岛形成500千伏链式电网，加里曼丹岛等其他地区电网较为薄弱。

4.2.2 互联方案

1 **2035 年互联方案**

中南半岛初步形成覆盖缅甸、老挝、越南和泰国 4 国的 500 千伏同步电网，建成多个跨国 500 千伏骨干通道，建设 1 回跨国直流输电工程，实现萨尔温江和湄公河流域水电开发外送泰国、越南。马来群岛形成三个同步电网，分别覆盖马来西亚西部、新加坡和印度尼西亚苏门答腊、爪哇岛，马来西亚东部、文莱、印度尼西亚加里曼丹岛，以及菲律宾。三大同步电网通过马来西亚东部—菲律宾，马来西亚东部—马来西亚西部，印度尼西亚加里曼丹岛—爪哇岛直流工程互联。中南半岛与马来群岛之间通过泰国与马来西亚西部的 500 千伏双回线路实现互联。与周边国家互联，向北与中国云南通过 1 回直流工程及 3 个直流背靠背工程互联，向西与南亚通过 1 回直流工程互联。2035 年东南亚电力互联示意如图 4-3 所示。

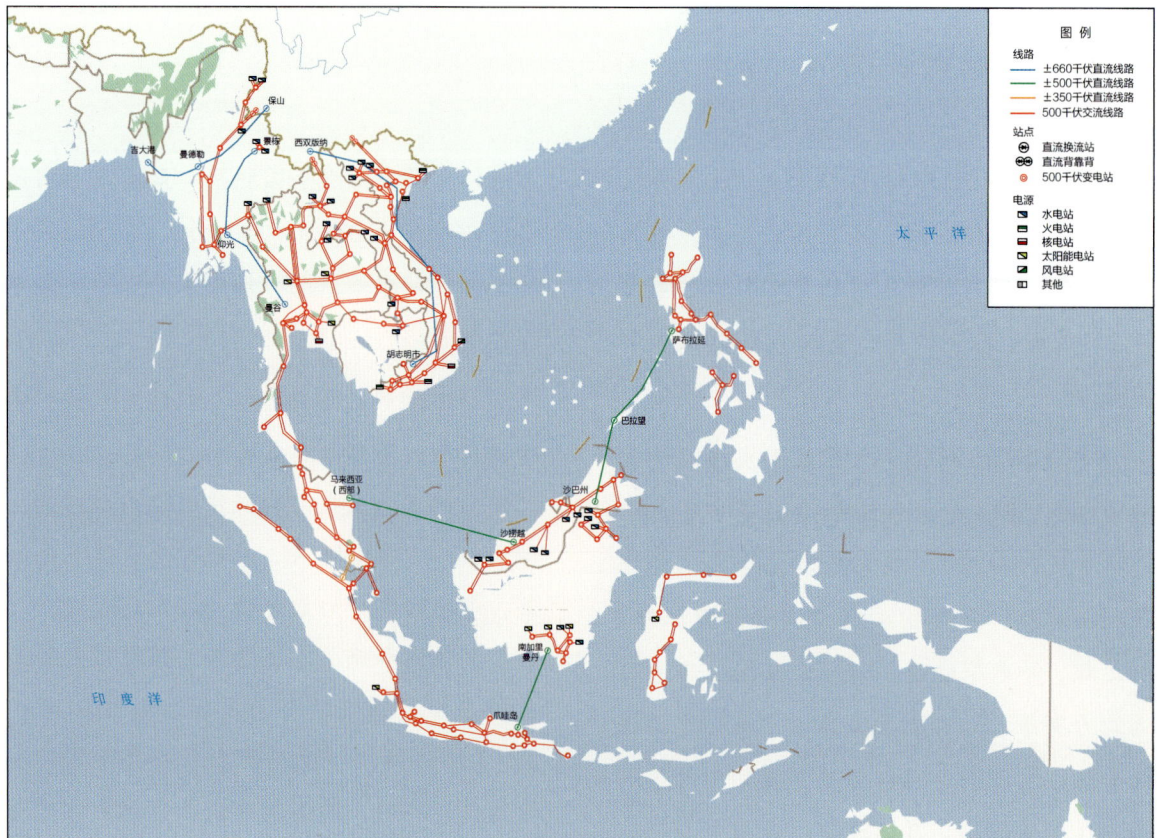

图 4-3　2035 年东南亚电网互联示意图

区域内互联

● **中南半岛：** 跨国形成多回交直流输电通道。交流输电通道，老挝建设 500 千伏线路与泰国、越南互联。其中，老挝与泰国间形成 3 个输电通道。缅甸与泰国间依托萨尔温江中游孟东等大型水电站，建设缅甸与泰国间的 500 千伏双回线路。直流输电通道，建设 ±660 千伏缅甸萨尔温江—缅甸仰光—泰国曼谷多端直流工程。各国电网方面，缅甸曼德勒—仰光形成 500 千伏双回环网结构，解决"北电南送"输电通道紧张问题，并向北延伸汇集瑞丽江等水电电力，送入缅甸中南部负荷中心。老挝形成贯穿南北的 500 千伏骨干通道，为北部、中部、南部三个水电基地电力外送提供坚强支撑。泰国中部以曼谷为中心，向外辐射形成 500 千伏网架，建成较为坚强的受端电网。北部清迈形成 500 千伏"T"字形网架，接受缅甸、老挝电力，并向南送电曼谷。南部素吻他尼等地区通过 500 千伏输电通道接受电力，满足本地需求。越南的南部和北部分别以胡志明市、河内为中心形成 500 千伏环网，中部通过 500 千伏双回线路连接南北。

● **马来群岛：** 各国按照地理位置形成西部、中部和东部三个电网。马来群岛中部与东部之间，马来西亚沙捞越水电基地及印度尼西亚加里曼丹岛光伏基地通过内部 500 千伏电网互联后，共同建设马来西亚沙巴—菲律宾巴拉望岛—菲律宾民都洛岛 ±500 千伏三端直流工程。中部与西部之间，通过建设马来西亚国内东西部的 ±500 千伏海底直流工程实现互联。印度尼西亚苏门答腊岛向北与马来西亚西部通过 ±250 千伏直流互联，与新加坡通过两回 400 千伏交流互联。文莱与马来西亚沙捞越、沙巴通过 500 千伏线路互联，调剂余缺。各国电网方面，马来西亚形成全国联网，马来西亚西部与马来西亚东部通过 ±500 千伏直流互联；马来西亚西部围绕吉隆坡形成 500 千伏环网；马来西亚东部围绕沙捞越水电基地，建设 500 千伏主网架。新加坡加强 400 千伏主网架建设，提升新能源接入能力。印度尼西亚爪哇岛至巴厘岛、苏门答腊岛负荷中心加强 500 千伏主网架建设，配合加里曼丹岛太阳能基地电力送出，建设 500 千伏线路。建设加里曼丹岛—爪哇岛 ±500 千伏海底直流工程。苏门答腊岛向东通过多回 500 千伏交流向爪哇岛输送电力。菲律宾形成全国联网，吕宋岛、米沙鄢岛、棉兰老岛通过多回海底交流电缆互联，围绕马尼拉建设 500 千伏"十"字形网架。

与周边区域互联

东南亚—中国，建设中国云南至老挝、越南、缅甸 3 个直流背靠背联网工程，解决中南半岛电力短缺问题。直流背靠背单工程容量按 200 万千瓦设计，初期暂按 100 万千瓦考虑。建设中国云南—越南胡志明市 ±660 千伏直流输电工程，满足越南南部电力需求。

东南亚—南亚，建设±660千伏中国—缅甸—孟加拉国多端直流联网工程。

2　2050年互联方案

中南半岛各国形成坚强500千伏同步电网，各国间通过交流/直流特高压骨干网架互联。马来群岛维持西部、中部和东部500千伏主网架。其中，西部的印度尼西亚苏门答腊岛、爪哇岛分别建设特高压输电通道。中部与西部、东部互联通道增加到6个，将加里曼丹岛电力送至马来西亚、印度尼西亚和菲律宾负荷中心。加强中南半岛泰国与马来群岛、马来西亚之间输电通道建设，输送能力增至400万千瓦。与周边国家互联，与中国电网通过特高压直流异步互联。中南半岛水能资源基本开发完毕，为更好发挥资源互补效益，考虑扩大与中国北方的电力交换能力，通过新增1回特高压直流工程连接中南半岛与中国电源基地。

区域内互联

考虑区域内电力交换规模的增大和输送距离的增加，为降低线路损耗，节约输电走廊，节省投资，优化网架结构，提出特高压交流、特高压柔性直流两个方案。特高压交流技术成熟，具有良好的应用实践；特高压柔性直流技术具有控制灵活，能够快速响应电网的状态变化等特点，有望成为未来骨干电网大容量输送主流技术。

方案1（特高压交流方案）

中南半岛： 2050年升级建设特高压交流电网，建设"三横三纵"特高压通道，形成"甲"字形特高压网架结构。届时，特高压电网覆盖缅甸、老挝、越南、泰国、柬埔寨等主要清洁能源基地和负荷中心，满足中南半岛各国之间电力输送和丰枯互济要求。其中，西纵和北横通道主要连接缅甸和老挝水电，并向东、向南输送，形成"西电东送、北电南送"格局；中横和中纵通道主要疏散来自中国特高压直流输电工程输送的电力；南横和东纵通道连接负荷中心，均衡分配过网电力。2050年中南半岛特高压交流通道如图4-4所示。

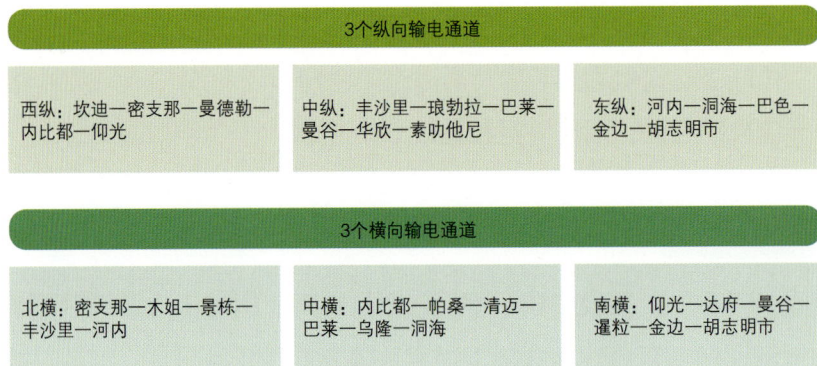

3个纵向输电通道		
西纵：坎迪—密支那—曼德勒—内比都—仰光	中纵：丰沙里—琅勃拉—巴莱—曼谷—华欣—素叻他尼	东纵：河内—洞海—巴色—金边—胡志明市

3个横向输电通道		
北横：密支那—木姐—景栋—丰沙里—河内	中横：内比都—帕桑—清迈—巴莱—乌隆—洞海	南横：仰光—达府—曼谷—暹粒—金边—胡志明市

图4-4　2050年中南半岛特高压交流通道

马来群岛：维持西、中、东部三个交流电网格局。马来群岛中部与东部之间，进一步开发马来西亚沙捞越水电和印度尼西亚加里曼丹岛清洁资源，将水电、太阳能和火电打捆，建设印度尼西亚加里曼丹岛—菲律宾棉兰老岛±500千伏线路，向东送至菲律宾负荷中心，形成马来群岛中部与东部的2个直流输电通道。中部与西部之间适时新增印度尼西亚国内加里曼丹岛—爪哇岛±500千伏直流工程，印度尼西亚国内形成2回直流输电通道。印度尼西亚负荷中心局部建设特高压网架。

2050年东南亚电网互联目标网架（方案1）示意如图4-5所示。

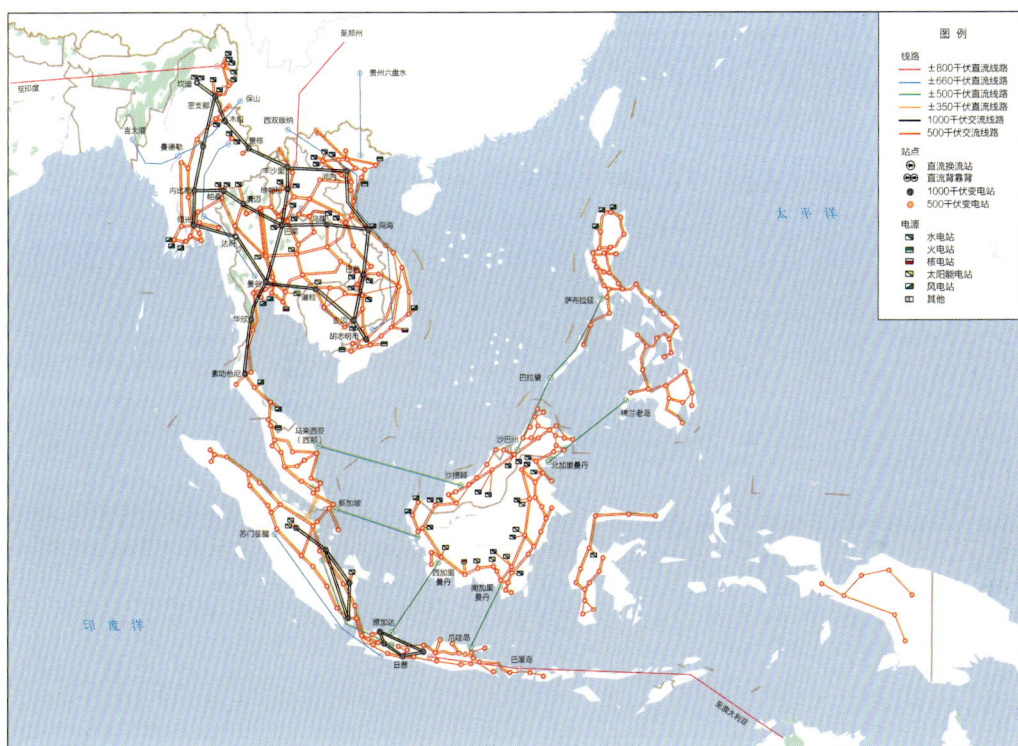

图4-5 2050年东南亚电网互联目标网架（方案1）示意图

方案2（特高压柔性直流方案）

中南半岛：缅甸、老挝、泰国三国建成"日"字形±800千伏特高压柔性直流主网架；以缅甸（内比都）和老挝（巴莱）电源点为中心向泰国、越南、柬埔寨通过±500千伏柔性直流工程形成辐射型网架结构。建设密支那—景栋—丰沙里—巴莱—帕府—内比都—密支那的"日"字形±800千伏特高压柔性直流工程，建设内比都—仰光—曼谷、巴莱—胡志明市、丰沙里—河内3回±800千伏特高压柔性直流工程；建设内比都—清迈、曼谷—素叻他尼、巴莱—那空那育、巴莱—暹粒、巴莱—乌隆、巴莱—洞海6回±500千伏柔性直流工程。同时加强各国500千伏电网建设，形成坚强的500千伏骨干网架。

马来群岛：马来西亚仍维持异步联网格局，马来西亚东部沙捞越、沙巴形成
500 千伏骨干网架。文莱与沙捞越、沙巴仍维持 500 千伏互联。菲律宾形成
覆盖全国的 500 千伏主网架。印度尼西亚爪哇岛—巴厘岛进一步加强 500 千
伏网架建设；加里曼丹岛进一步加强 500 千伏网架；建设加里曼丹岛—爪哇
岛 ±500 千伏直流线路；苏门答腊岛建设 1 条 ±800 千伏特高压柔性直流输
电通道；建设苏门答腊岛—爪哇岛 ±660 千伏直流线路。马来群岛中部与东
部之间，建设马来西亚沙巴—菲律宾萨布拉延 ±500 千伏直流线路。2050 年
东南亚电网互联目标网架（方案 2）示意如图 4-6 所示。

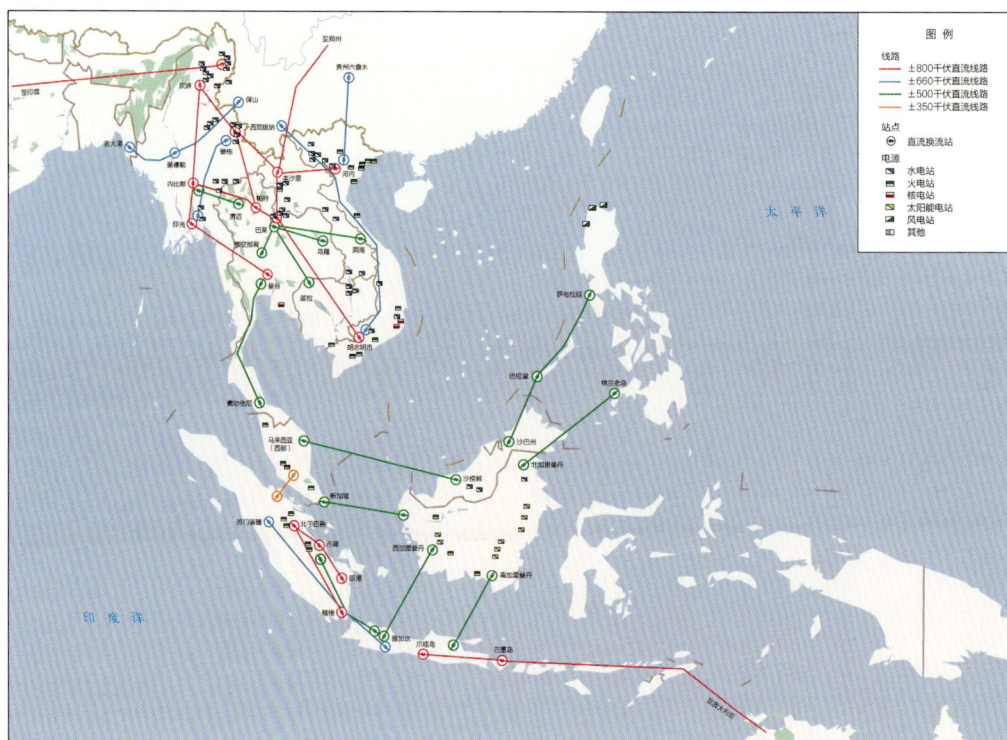

图 4-6　2050 年东南亚电网互联目标网架（方案 2）示意图

与周边区域互联

东南亚—中国，以中南半岛同步电网为平台，通过中国郑州—老挝丰沙里 ±800 千伏特高
压直流工程接受中国中部地区电力，通过中国六盘水—越南河内 ±660 千伏直流接受中国南部
地区电力。枯水期，中国中西部电力与西南水电通过直流线路和背靠背工程外送电力；丰水期，
中南半岛输送电力至中国。届时，可以实现中南半岛与中国电力互济运行，解决中南半岛"丰
余枯缺"问题。东南亚—南亚，建设缅甸—印度 ±800 千伏特高压直流工程，将缅甸北部水电
送至印度中东部负荷中心。东南亚—大洋洲，建设澳大利亚—印度尼西亚 ±800 千伏特高压海
底直流工程，受入澳大利亚北部太阳能。

4.3　重点互联互通工程

4.3.1　跨区跨洲重点工程

中国西双版纳—越南胡志明市±660千伏直流输电工程,定位于将中国云南水电送至越南,拟采用±660千伏直流,输送容量400万千瓦,线路长度约1600千米,2035年前建成。工程总投资约17.8亿美元,输电价约1.23美分/千瓦时。

中国六盘水—越南河内±660千伏直流输电工程,定位于将中国贵州电力外送越南,拟采用±660千伏直流,输送容量400万千瓦,线路长度约850千米,2050年前建成。工程总投资约13.9亿美元,输电价约0.96美分/千瓦时。

中国郑州—老挝丰沙里±800千伏直流输电工程,定位于丰水期送电中国,枯水期受入中国中部电力,拟采用±800千伏直流,输送容量800万千瓦,线路长度约1700千米,2050年前建成。工程总投资约35.5亿美元,输电价约1.23美分/千瓦时。

东亚—东南亚互联互通输电工程示意如图4-7所示。

图4-7　东亚—东南亚互联互通输电工程示意图

中国保山—缅甸曼德勒—孟加拉国吉大港±660千伏三端直流输电工程,定位于将中国云南水电外送缅甸和孟加拉国,拟采用±660千伏直流,输送容量400万千瓦,线路长度约1150千米,2035年前建成。工程总投资约15.5亿美元,输电价约1.08美分/千瓦时。

缅甸密支那—印度勒克瑙±800千伏直流输电工程,定位于将缅甸水电外送印度,拟采用±800千伏直流,输送容量800万千瓦,线路长度约2000千米,2050年前建成。工程总投资约38.2亿美元,输电价约1.32美分/千瓦时。

东南亚—南亚互联互通输电工程示意如图4-8所示。

图 4-8 东南亚—南亚互联互通输电工程示意图

澳大利亚达尔文—印度尼西亚巴厘岛—印度尼西亚爪哇岛±800 千伏三端直流输电工程,
拟采用 ±800 千伏直流,输送容量 800 万千瓦,印度尼西亚巴厘岛消纳 200 万千瓦、印度尼西
亚爪哇岛消纳 600 万千瓦,线路全长 2500 千米,其中海缆长度约 800 千米,2050 年前建成。
工程总投资约 77 亿美元,其中换流站投资 20 亿美元,线路投资 57 亿美元(海缆 42 亿美元),
输电价约 2.76 美分/千瓦时。

澳大利亚—印度尼西亚互联互通输电工程示意如图 4-9 所示。

图 4-9 澳大利亚—印度尼西亚互联互通输电工程示意图

4.3.2 区内重点工程

缅甸萨尔温江—缅甸仰光—泰国曼谷±660 千伏三端直流工程,定位于将缅甸东部萨尔温

江流域水电送至缅甸南部仰光及泰国曼谷负荷中心，工程拟采用±660千伏直流输电，输送容量400万千瓦，线路全长1600千米，2035年前建成。工程总投资约18亿美元，输电价约1.24美分/千瓦时。缅甸萨尔温江—缅甸仰光—泰国曼谷联网工程示意如图4-10所示。

图4-10　缅甸萨尔温江—缅甸仰光—泰国曼谷联网工程示意图

马来西亚沙巴—菲律宾巴拉望岛—菲律宾民都洛岛±500千伏三端直流工程，定位于将马来西亚沙巴水电与印度尼西亚加里曼丹岛太阳能电力打捆输送至菲律宾负荷中心，拟采用±500千伏直流，输送300万千瓦电力，巴拉望岛受入电力100万千瓦，民都洛岛受入电力200万千瓦，线路长度900千米，其中海缆长度约300千米，2035年前建成。工程总投资约17亿美元，输电价约1.58美分/千瓦时。

印度尼西亚北加里曼丹—菲律宾棉兰老岛±500千伏直流工程，定位于将加里曼丹岛东部水电、太阳能和火电打捆送至菲律宾负荷中心，工程拟采用±500千伏直流，输送容量300万千瓦，线路长度600千米，其中海缆长度约280千米，2050年前建成。工程总投资约16亿美元，输电价约1.45美分/千瓦时。

印度尼西亚西加里曼丹—新加坡±500千伏直流工程，定位于将加里曼丹岛西部水电、太阳能和火电打捆送至新加坡，工程拟采用±500千伏直流，输送容量300万千瓦，线路长度500千米，其中海缆长度约500千米，2050年前建成。工程总投资约20亿美元，输电价约1.84美分/千瓦时。

加里曼丹岛联网工程示意如图4-11所示。

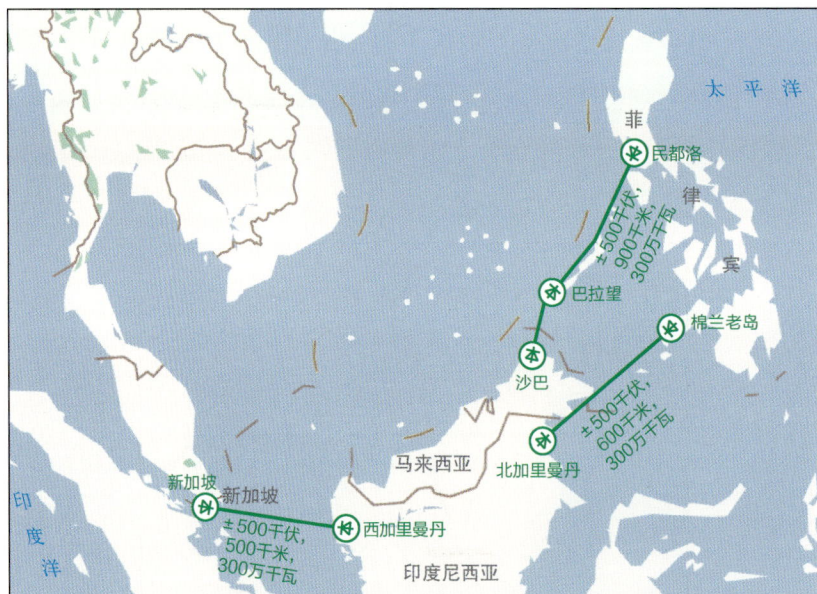

图 4-11　加里曼丹岛联网工程示意图

4.4　投资估算

4.4.1　投资估算原则

东南亚能源互联网投资包括电源投资和电网投资两部分。电源投资根据单位容量投资成本和投产容量进行测算，电网投资根据各电压等级电网投资造价进行估算。

电源投资方面，根据各类电源技术发展趋势，结合国际能源署、彭博新能源财经等国际能源机构相关研究成果，预测 2035、2050 年各类电源单位容量投资成本，见表 4-1。预计到 2050

表 4-1　各水平年各类电源单位投资成本预测

单位：美元/千瓦

电源类型	2035 年	2050 年
火电	700	750
水电	2600	2000
光伏	630（基地成本：505）	390（基地成本：315）
光热	4995	3070
陆上风电	1105（基地成本：885）	750（基地成本：600）
海上风电	1775	1160
核电	5500	5500
生物质及其他	4300	4000

年太阳能、风电单位投资成本较 2016 年❶分别降低 60% 和 50%。

电网投资方面，特高压电网主要参考中国、巴西等同类工程造价进行测算，并结合东南亚工程造价实际情况进行调整，见表 4-2。考虑不同水平年和地区差异，各国 500/400 千伏与 220 千伏及以下电网投资规模比例按 1:5 考虑。

表 4-2　各电压等级电网投资测算参数

工程类别	变电站、换流站 （美元/千伏安、亿美元/站）	线路 （万美元/千米）	海底电缆 （万美元/千米）
1000 千伏交流①	67	83	—
500 千伏交流	39	34	—
400 千伏交流	33	22	—
±500 千伏直流	118	38	250
±660 千伏直流	119	52	300
±800 千伏直流	126	90	440（海深 100～200 米，造价上浮 25%；海深 200 米以上，造价上浮 30%）

① 特高压交流投资乘以 1.4 调整系数。

4.4.2　投资估算结果

2020—2050 年，东南亚能源互联网总投资约 1.96 万亿美元。其中，电源投资约 1.35 万亿美元，占总投资的 68.9%；电网投资约 6120 亿美元，占总投资的 31.1%。2020—2050 年东南亚能源互联网投资规模与结构如图 4-12 所示。

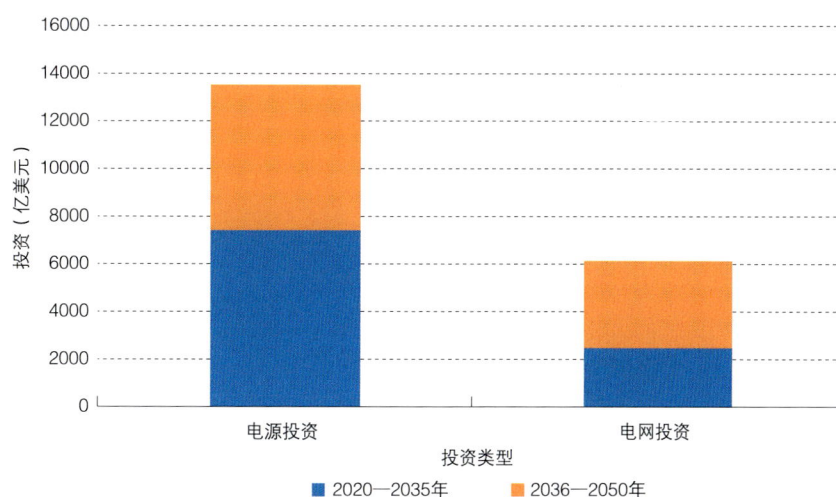

图 4-12　2020—2050 年东南亚能源互联网投资规模与结构

❶ 2016 年太阳能、风电单位投资成本引自美国可再生能源国家实验室，集中式光伏单位投资 1800 美元/千瓦，光热单位投资 7800 美元/千瓦，陆上风电单位投资 1500 美元/千瓦，海上风电单位投资 3800 美元/千瓦。

2020—2035 年，东南亚能源互联网投资约 9850 亿美元。电源投资约 7400 亿美元，占比 75.1%；电网投资约 2460 亿美元，占比 24.9%。其中，400 千伏～500 千伏电网投资约 410 亿美元，345 千伏及以下电网投资约 2050 亿美元。

2036—2050 年，东南亚能源互联网投资约 9760 亿美元。电源投资约 6100 亿美元，占比 62.5%；电网投资约 3660 亿美元，占比 37.5%。其中，特高压电网投资约 480 亿美元，400 千伏～500 千伏电网投资约 530 亿美元，345 千伏及以下电网投资约 2650 亿美元。2020—2050 年东南亚能源互联网电源投资规模与结构如图 4-13 所示。2020—2050 年东南亚能源互联网电网投资规模与结构如图 4-14 所示。

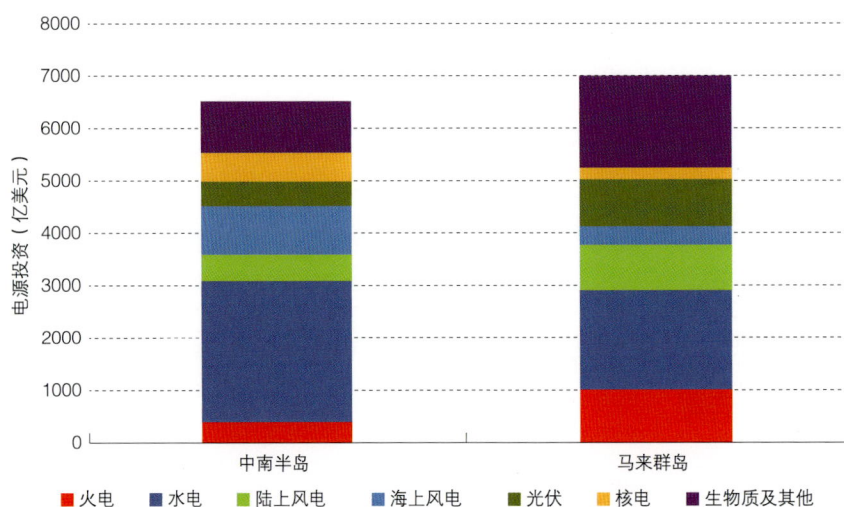

图 4-13　2020—2050 年东南亚能源互联网电源投资规模与结构

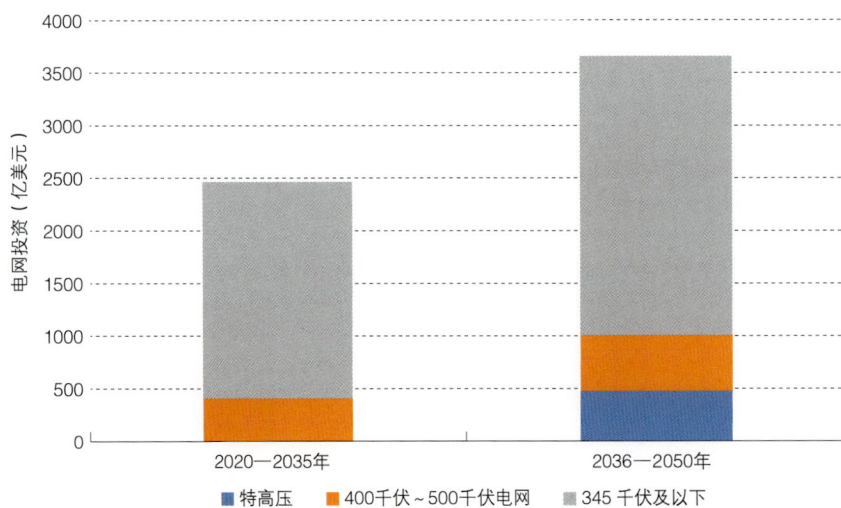

图 4-14　2020—2050 年东南亚能源互联网电网投资规模与结构

Chapter **5**

综合效益

东南亚能源互联网不仅拉动区域经济增长，创造宝贵的社会、环境和资源优化配置效益，还将有助于提高清洁能源利用水平，减少温室气体排放，减少空气污染及化石燃料引起的气候变化等。通过区域能源互联网的建设，可有效提升可再生能源在能源构成中的占比，提高整个东南亚能源系统的灵活性和多样性。

5.1 经济效益

促进自然资源开发，将资源优势转变为经济优势。有效开发东南亚区域丰富的清洁能源资源和矿产资源。以清洁能源为保障，发展矿产加工冶炼，加强工业园区建设，大力推动产业转型升级和经济可持续发展，以清洁和绿色方式满足东南亚各国的工业化发展需求。

拉动区域投资，带动相关产业发展。构建东南亚能源互联网，将有力带动新能源、电力、装备制造、基础设施等各产业的全方位发展，有效推动产业转型升级，加速新旧动能转换。预计到 2035 年，东南亚能源互联网总投资将达到约 9850 亿美元；到 2050 年，总投资将达到约 1.98 万亿美元，对经济增长的年均贡献率可达 0.9%，有效带动经济可持续增长。

实现清洁永续可靠的能源电力供应。未来将以清洁和绿色方式满足东南亚经济社会发展的能源电力需求，摆脱对化石能源的依赖，实现能源清洁永续供应。预计到 2035 年和 2050 年，东南亚清洁能源占一次能源比重分别达到 45% 和 57%，清洁能源发电量占比分别达到 55% 和 63%。促进能源生产革命，从本质上改善能源生产格局。

降低发电成本。资源禀赋各异的国家实现区域互联，将促进边际成本较低的清洁能源大规模开发利用，有效降低区域电价水平和全社会经济发展成本。预计到 2050 年，东南亚各类型电源平准化度电成本较 2017 年将降低约 2 美分。

加大电力贸易往来。根据东南亚各国的发展需求，形成以电力促工业，以贸易促投资的良性经济发展模式，并通过跨国电网互联将丰富的清洁能源电力送往其他国家和地区，提升区域电力贸易往来。预计到 2035 年和 2050 年，东南亚跨区电力输送规模可分别达到 800 万千瓦和 3900 万千瓦。

5.2 社会效益

促进社会全面发展。推动清洁能源发电、特高压输电、大规模储能及智能配电网和微电网等技术实现突破和广泛应用，同时也通过电力互联互通，带动基础设施建设，提高教育、医疗水平。通过东南亚能源互联网建设，解决能源供应问题，满足人民生产生活需要，实现脱贫致富全面发展。

提高研发水平，增加就业机会。 超/特高电压输电、柔性直流输电、海缆等技术的发展，将提升相关输变电设备制造企业的竞争能力。以建设区域电网为契机，通过科技进步和自主创新推动电力工业的技术升级，带动相关产业发展，形成产业规模，将显著提升东南亚输电装备制造业的自主创新能力。预计到 2050 年，东南亚能源互联网建设将拉动上下游产业累计新增就业约 700 万个。

消除无电人口，提高生活水平。 2017 年，东南亚仍有 3000 万无电人口。[1] 通过提取部分售电收入及政府补贴成立电力公共福利基金，并假设为无电人口提供电力的平均成本为每人 300～600 美元，预计东南亚将于 2030 年后基本消除无电人口。

5.3 环境效益

减少温室气体排放。 化石能源利用是二氧化碳排放的主要来源，约占二氧化碳总排放量的 85%。东南亚经济社会发展依赖化石燃料，加速清洁能源开发利用，有效控制能源利用方面的二氧化碳排放，是应对气候变化的关键。建设东南亚能源互联网，以电网互联互通加速清洁能源高效、规模化开发利用，可以实现清洁能源优化配置和快速发展。通过"清洁替代"从源头上控制温室气体排放，通过"电能替代"促进各终端部门减排，从而实现温升控制目标。构建东南亚能源互联网，预计到 2035 年能源系统年二氧化碳排放量降至约 15 亿吨，较政策延续情景减少 30%；到 2050 年能源系统年二氧化碳排放量将进一步降至约 9 亿吨，较政策延续情景减少 56%。东南亚能源互联网碳减排效益如图 5-1 所示。

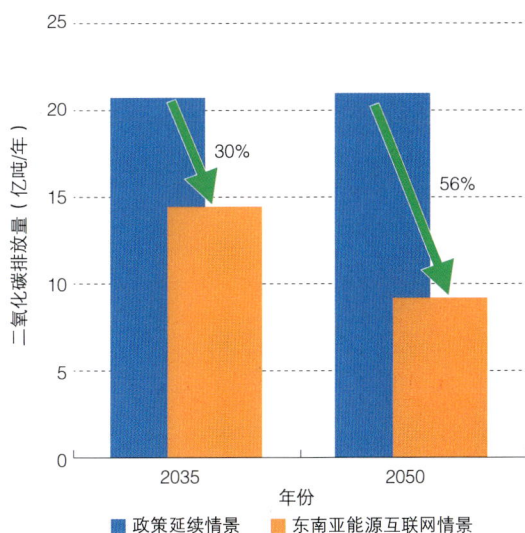

图 5-1 东南亚能源互联网碳减排效益

---

[1] 数据来源：World Bank 2019 THE ENERGY PROGRESS REPORT TRACKING SDG7.

减少气候相关灾害。气候灾害主要包括干旱灾害、洪涝灾害、风灾等，是由气候原因引起的自然灾害。构建东南亚能源互联网，从源头上减少温室气体排放，减缓全球和区域气候系统的异常变化和极端事件，有效降低东南亚沿海地区、特别是易受海平面上升影响的小岛屿国家的气候灾害发生风险；利用先进输电、智能电网技术，提升能源电力基础设施防灾能力和气候韧性，大力推进电力普及，促进解决无电人口用电问题，减少因气候灾害造成的经济损失和人员伤亡。

减少大气污染物排放。二氧化硫、氮氧化物和细颗粒物是全球三大主要空气污染物，化石能源消费是造成空气污染的重要原因。东南亚空气污染形势严峻，构建东南亚能源互联网，实施"清洁替代"，促进清洁能源大规模开发利用，从污染源头直接减少化石能源生产、使用、转化全过程的空气污染物排放，实现以清洁、经济、高效方式破解"心肺之患"；实施"电能替代"，推动清洁电力替代工业、交通、生活部门使用的煤炭、石油和天然气，减少工业废气、交通尾气、生活和取暖废气等排放，深度挖掘和释放各行业减排潜力，实现终端用能联动升级、空气污染联动治理。预计到 2035 年，与政策延续情景相比，每年可减少排放二氧化硫 120 万吨、氮氧化物 120 万吨、细颗粒物 25 万吨（见图 5-2）；到 2050 年，与政策延续情景相比，每年可减少排放二氧化硫 205 万吨、氮氧化物 245 万吨、细颗粒物 45 万吨（见图 5-3）。

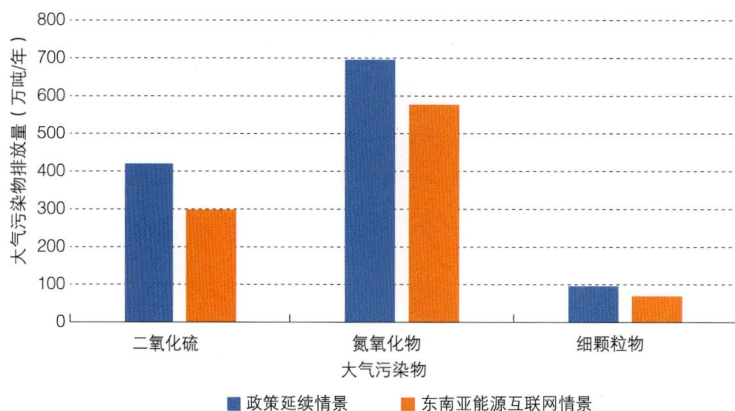

图 5-2　2035 年东南亚能源互联网大气污染物减排效益

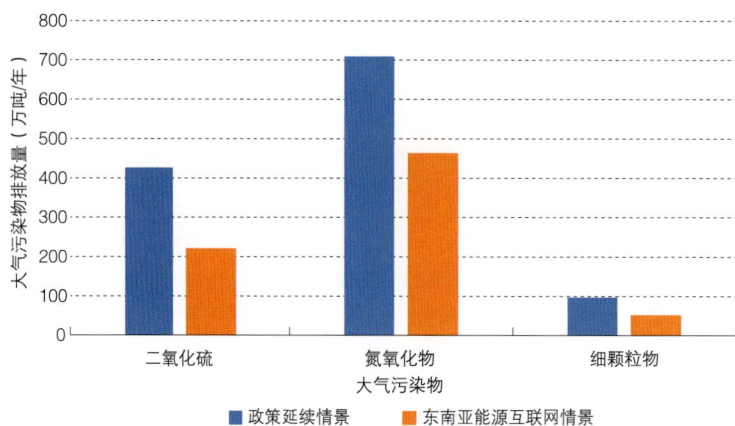

图 5-3　2050 年东南亚能源互联网大气污染物减排效益

提高土地资源价值。提高土地资源价值主要是指在荒漠化土地等人类未利用的土地上统筹开发清洁能源，提升土地经济价值，节约高价值土地的占用，实现经济社会发展与环境保护的有机结合。构建东南亚能源互联网，在清洁能源资源丰富地区开发风能、太阳能等，通过互联互通将清洁电能送至负荷地区，通过清洁能源外送、产业结构升级、资源协同开发等综合措施推动实施植树造林、改善土壤质量和建设农业基础设施，以保护水土和恢复生态环境。与政策延续情景相比，预计到 2035 年，东南亚每年可提高土地资源价值 24 亿美元；到 2050 年，每年可提高土地资源价值 44 亿美元。

5.4 政治效益

加强区域政治互信。通过构建东南亚能源互联网，建立东南亚能源电力合作新机制。秉承"共商、共建、共享、共赢"理念，深化东南亚区域能源电力合作利益共同体建设，助力区域各国间建立更加牢固的伙伴关系，增进区域内及区域间国家的政治互信。

促进区域协调发展。推动东南亚能源互联网建设，促进更大范围的资源优化配置，实现能源输出国经济利益和消费国能源安全的有机统一，为东南亚区域可持续发展提供动力。建立以清洁发展、互联互通为核心的区域能源治理新体系，有效缓解能源资源争夺引发的矛盾，实现区域各国优势互补、协同发展。

推动区域能源一体化建设。通过构建东南亚能源互联网，加强东南亚区域内外各国间的能源合作，实现政治、经济、安全到能源一体化的快速发展，推动各方建立以能源电力为纽带，更大范围、更深层次的区域一体化合作。

Chapter **6**

政策机制

构建东南亚能源互联网可有力推动清洁能源发展，以清洁和绿色方式满足东南亚各国电力需求，带来多重效益，实现经济社会可持续发展。

制定远近结合、清洁绿色、区域协同的能源电力发展政策。发挥东盟良好的区域合作机制优势，考虑各国自身及周边国家资源禀赋与需求，统筹协调国家和区域两个层面，制定更长远的区域清洁绿色发展目标，由远及近，指导区域、国家、部门的清洁能源电力发展规划和行动计划。

积极开展多视角的能源电力规划研究，纳入区域社会、经济和环境发展整体规划。以《东盟互联互通总体规划》等为基础，建议政策制定者综合考虑气候环境、能源安全、经济发展、科技进步等多角度，构建公开透明、广泛参与的研究机制，形成一体化综合方案，将跨国电网互联互通和清洁能源基地开发等能源电力规划作为区域社会、经济发展整体规划的核心内容。充分发挥能源电力在东南亚工业化进程中的引领支撑作用，推动东南亚各国的全面协调可持续发展。

大力实施"两个替代"，加快解决无电人口问题，全面推动清洁能源发展。制定有利于推动实施"两个替代"的政策，在能源生产侧实施清洁替代，在能源消费侧实施电能替代。加快开发区域内丰富的水能、太阳能、风能，通过清洁能源快速解决偏远地区无电人口问题。逐步增加清洁电能在交通、工业等终端能源消费领域中的比重，以清洁和绿色方式满足东南亚能源和电力需求。

协调各国监管政策、电网运行标准，消除电力基础设施互联互通的规则障碍。分析各国政策、法规和标准方面的差异，协调各国监管机构，研判需要协调的政策法规。借助专业组织，形成统一、兼容的互联标准体系。制定区域电力贸易协定，如接入许可、跨国输电定价框架，促进多边跨国电力贸易，推动形成区域电力市场。

探索实践"电—矿—冶—工—贸"联动发展新模式，破解经济发展滞后地区项目投融资和产业发展难题。开发水能、太阳能、风能等清洁能源基地，采用先进输电技术向矿山开采、冶金加工基地和各类工业园区送电，推动贸易出口由初级产品向高附加值工业产品转变，打造电力、采矿、冶金、工业、贸易协同发展的产业链，统筹推动产业链整体项目投融资，提高投资收益率并降低单个项目面临的市场风险，实现"投资—开发—生产—出口—再投资"的良性循环。

建立多方参与机制，开展能力建设，有效推动区域合作和信息共享。搭建广泛参与的研究平台，如智库联盟、大学联盟、技术组织等，建议各国积极制定相关政策和机制，形成多利益相关者参与的合作平台，协调东南亚能源互联网规划、建设、运营和管理。东南亚各国可与全球能源互联网发展合作组织、国际能源署、国际可再生能源署等，就清洁能源开发和跨国互联互通项目开展密切合作，提升技术能力，共享相关成果和数据信息。

　　积极开展跨国联网和清洁能源基地等项目示范，验证项目的技术经济可行性，总结经验，为后续大规模推广奠定基础。选择工程建设条件好、收益显著的项目作为示范项目，加快建设。通过示范项目，检验相关技术、方案和投融资模式的可行性及效益。建议深入研究老挝—泰国—马来西亚—新加坡联网项目，为后续东南亚区域规划中的多国互联项目提供经验；支持中国—缅甸—孟加拉国电网互联等工程项目前期工作，推动东南亚及周边国家互联互通。

参 考 文 献

［1］ 刘振亚. 全球能源互联网［M］. 北京：中国电力出版社，2015.

［2］ 刘振亚. 特高压交直流电网［M］. 北京：中国电力出版社，2013.

［3］ 全球能源互联网发展合作组织. 亚洲能源互联网发展与展望［M］. 北京：中国电力出版社，2019.

［4］ 全球能源互联网发展合作组织. 东南亚能源互联网规划研究报告［R］. 2018.

［5］ Asian Development Bank. Southeast Asia and the Economics of Global Climate Stabilization［R］. 2015.

［6］ 日本能源经济研究所. IEEJ 展望［R］. 2018.

［7］ 国际能源署. 化石能源燃烧二氧化碳排放［R］. 2019.

［8］ 灾害流行病学研究中心. 自然灾害 2018［R］. 2018.

［9］ 联合国环境规划署. 全球环境展望 6——亚太区域报告［R］. 2016.

［10］国际能源署. 全球能源展望报告［R］. 2019.

［11］国际能源署. 全球能源平衡［R］. 2018.

［12］Energy Commission. Peninsular Malaysia Electricity Supply Outlook 2017［R］. 2017.

［13］Energy Commission. Malaysia Energy Statistics Handbook［R］. 2019.

［14］Energy Market Authority. Singapore Energy Statistics［R］. 2017.

［15］Energy Policy and Planning Office. Thailand Power Development Plan 2015—2036（PDP2015）［R］. 2015.

［16］ASEAN Centre for Energy. The 5th ASEAN Energy Outlook 2015—2040［R］. 2017.

［17］Asian Development Bank. Greater Mekong Sub-Region Energy Sector Assessment，Strategy，and Road Map［R］. 2016.

［18］IRENA and ASEAN Centre for Energy. Renewable Energy Outlook for ASEAN［R］. 2016.

［19］Economic Research Institute for ASEAN. Energy Outlook and Energy Saving Potential in East Asia［R］. 2016.

［20］International Energy Agency. Southeast Asia Energy Outlook［R］. 2017.

［21］ASEAN Secretariat. Master Plan on ASEAN Connectivity 2025［R］. 2011.

［22］国家能源局. 能源生产和消费革命战略（2016—2030）［R］. 2017.

［23］中国电力企业联合会. 中国电力行业年度发展报告 2018［M］. 北京：中国市场出版社，2018.

［24］中国气象局风能太阳能资源评估中心. 中国风能资源评估（2009）［M］. 北京：气象出版社，2010.

［25］中国能源中长期发展战略研究项目组. 中国能源中长期（2030、2050）发展战略研究——可再生能源卷［M］. 北京：科学出版社，2011.

图书在版编目（CIP）数据

东南亚能源互联网研究与展望 / 全球能源互联网发展合作组织著. —北京：中国电力出版社，2020.7
ISBN 978-7-5198-4723-4

Ⅰ．①东… Ⅱ．①全… Ⅲ．①互联网络–应用–能源发展–研究–东南亚 Ⅳ．①F433.062

中国版本图书馆 CIP 数据核字（2020）第 105479 号

审图号：GS（2020）2045 号

出版发行：中国电力出版社
地　　址：北京市东城区北京站西街 19 号（邮政编码 100005）
网　　址：http://www.cepp.sgcc.com.cn
责任编辑：周天琦（010-63412243）
责任校对：黄　蓓　常燕昆
装帧设计：张俊霞
责任印制：钱兴根

印　　刷：北京瑞禾彩色印刷有限公司
版　　次：2020 年 7 月第一版
印　　次：2020 年 7 月北京第一次印刷
开　　本：889 毫米×1194 毫米　16 开本
印　　张：5.25
字　　数：113 千字
定　　价：120.00 元